W0174798

Rheticus

Schriftenreihe Nr. 59

Projektleitung und Organisation: Anni Mathes, Quadres 15, A – 6719 Bludesch

Werkstattleitung: Mag. Ruth Frick-Pöder, Elisabethstr. 10, A – 6020 Innsbruck

AutorInnenanschriften:
Gerlinde Allmayer, Zirmkogelstr. 6, A – 5722 Niedernsill
Joschi Anzinger, Hohe Str. 212, A – 4040 Linz
Marián Hatala, Púpavová 28, SK – 84104 Bratislava
Anni Mathes, Quadres 15, A – 6719 Bludesch
Erwin Messmer, Morgenstr. 26, CH – 3018 Bern
Margit Seeberger, Oberwinkel 5, A – 6820 Gurtis
Ute Zimmermann, Herzog Otto-Str. 99, D – 67105 Schifferstadt

Titelbild: Carola Eugster Photography, Alte Landstr. 2, A – 6719 Bludesch
Bildbearbeitung: Mark Lins, Druckerei Wenin GmbH & CoKG

Rheticus-Gesellschaft: Univ.-Prof. Mag. Dr. Gerhard Wanner,
Postfach 177, A – 6800 Feldkirch

Impressum:
Herausgeber und Verleger:
Rheticus-Gesellschaft
A – 6800 Feldkirch, Palais Liechtenstein
T 05522/304-1271
F 05522/304-1279
E-Mail: melanie.tichy@feldkirch.at
Homepage: www.rheticus.com
Int. Bludescher Mund Art Literatur Werkstatt
A – 6719 Bludesch, Quadres 15
Tel: +43(0)5550/20754, Fax: +43(0)5550/20756
Mobil: +43(0)650 224 0956
E-Mail: anni.mathes@gmx.at
Homepage: www.bludesch.at
Formatierung und Redaktion: Anni Mathes
Lektorat: Anni Mathes
Druck und Satz:: Druckerei Wenin GmbH & Co KG,
Wallenmahd 29 c, A – 6850 Dornbirn

©Rheticus-Gesellschaft, Gerlinde Allmayer, Joschi Anzinger, Ruth Frick-Pöder,
Marián Hatala, Anni Mathes, Erwin Messmer, Margit Seeberger,
Ute Zimmermann

ISBN: 978-3-902601-35-3

Licht und Schatten

Vierte Internationale
Bludescher Mund Art Literatur Werkstatt

21. – 23. Oktober 2011

Herausgeber:
Rheticus-Gesellschaft und
Internationale Bludescher Mund Art Literatur Werkstatt

Inhaltsverzeichnis

Licht und Schatten – Im Dialog sein. Ein Werkstattbericht

Ruth Frick-Pöder (Studium der Germanistik und Theologie)

Anni Mathes, Mundart-Autorin, hat zum 4. Mal zur *Internationalen Bludescher Mund Art Literatur Werkstatt* eingeladen und ihre Gäste, Autoren und Autorinnen aus Deutschland, Österreich und der Schweiz und ich als Werkstatt-Begleiterin, versammeln sich am Abend des 21. Oktober 2011 mit ihr und werden zu einer besonderen Gruppe. Ein Wochenende lang tun sich Wort-Klang-Räume (nicht nur) zum diesjährigen Motto *„Licht und Schatten"* auf: Pinzgauer Dialekt bei Gerlinde Allmayer (Niedernsill/Salzburg); Mühlviertler Dialekt bei Joschi Anzinger (Linz/Oberösterreich); Walgauer Dialekt bei Anni Mathes (Bludesch/Vorarlberg), Margit Müller-Seeberger (Gurtis/Vorarlberg); St. Galler Dialekt bei Erwin Messmer (Bern/Schweiz); Vorderpfälzischer Dialekt bei Ute Zimmermann (Schifferstadt/Deutschland). Marian Hatala aus Bratislava/Sowakei ist leider erkrankt und kann nicht teilnehmen, dennoch ist er präsent in seinen Gedichten.

Eingebettet in einen von großer Herzlichkeit, Aufmerksamkeit und Umsorgung geprägten Rahmen ermöglichen die Gastgeberin Anni Mathes und ihre Familie einen besonderen Raum von Begegnung und literarischer Auseinandersetzung mit spürbarer Unterstützung der Gemeinde Bludesch.

Die Werkstatt beginnt am Freitagabend und dauert bis Sonntagmittag, am Samstagabend findet eine öffentliche Lesung in festlicher und angeregter Atmosphäre statt.

Es gehört zur Tradition der Werkstatt, dass bereits im Vorfeld zum jeweiligen Motto Texte entstehen, die dann allen zugänglich gemacht werden und das Grundmaterial der Werkstatt bilden: Der Schwerpunkt liegt klar bei Lyrik (Anzinger, Messmer, Hatala, Mathes, Müller-Seeberger, Zimmermann), aber auch Prosatexte (Allmayer, Zimmermann) und Szenen (Allmayer, Messmer) sind entstanden. Und so klingt die Titelreihe der Texte (zuerst die Gedichte / dann Prosa / darauf Szenen) in den verschiedenen mundartlichen Klangfarben:

da hausvoschdound – liacht und schodn – maddini – pripat/der fall / zàpat slunka/sonnenuntergang – schatta – wee wundrats – näschtwärme – all taag – Birkäpsalm ufem Ligischtuel – Sliächt und dä Schatta – Dunkler git sich dr Tag (Ohne Titel) – Schattamaa – Dr Tanzberg – uwedder / Ausn Liacht – Die klä Maus / Da Schadn – Liacht und Schatta.
Und in den Titeln klingen die unterschiedlichsten Themen und Stimmungen an und sorgen durch die gestalterische Bandbreite (inhaltlich und formal) für eine große Neugier aufeinander und nicht ausgehendes Werkmaterial.

Die Werkstatt-Arbeit beginnt mit einem Zuhören und Einhören in den Klang der Texte der TeilnehmerInnen, ein Ohrenschmaus! Eine erste Runde gemeinsamen Schreibens führt über assoziatives Schreiben zu Kurzgedichten und Haikus.
Zwei Fäden führen durch die Tage: das Motto „Licht und Schatten“ und „übersetzen“, hier in der Bedeutung auch „von einem Text-Ufer an das andere gelangen“.
Zu Aspekten der Übersetzung/Übertragung:
- Was sich in den mitgebrachten Texten an Vielfalt und Unterschiedlichkeit auftut, verstärkt sich (für mich) noch durch die von den TeilnehmerInnen beigelegten Übertragungen ins Schriftdeutsche bzw. durch „Glossare“. Diese erleichtern es (zwar), in das jeweilige Text-/Sprach-Feld einzutauchen. Die sich daraus ergebenden Verschiebungen/Veränderungen in Bezug auf Klang, Rhythmus, Bedeutungsfelder führen mehrfach zu angeregten Diskussionen.
- *In Mundart schreiben* beinhaltet eine besondere Qualität, nämlich die stets mit enthaltene „Übertragung/Übersetzung ins Mündliche“. Denn die gesprochene Sprache (die Mundart) wird verschriftlicht, muss aber darin das „Mündliche“ gewährleisten: das Zu-Gehör-Bringen, das laute Sprechen der Texte – Wort- und Textklang sind ja unverzichtbar.
- Um eine andere Facette von „Übersetzung bzw. Übertragung“ gemeinsam auszuprobieren, lade ich zu einem Experiment ein: das Gedicht „Nachtfahrt“ von Reiner Kunze[1] in die jeweilige Mundart zu

[1] Aus: Reiner Kunze: auf eigene hoffnung. Gedichte. Fischer TB 5230. Fischer Verlag: Frankfurt am Main 1989. S. 9.

übertragen. Das führt zu einem intensiven Dialog mit dem R. Kunze Gedicht, sowohl in den daraus entstehenden Dialektversionen als auch im Gespräch der Gruppe. Länger wird die Frage umkreist: Wie kann die Gedichtzeile *„die möglichkeit eines lichts“* in den verschiedenen Dialekten wiedergegeben werden?[2] Welche inhaltlichen Nuancen allein hier die Übertragungen aufzeigen, weist darauf hin, dass es dabei im Originalgedicht um etwas Zentrales, eine „Schaltstelle“, geht:
Im Folgenden gibt es zum Originaltext von R. Kunze fünf spannende Dialektversionen zum Vergleich (im Text herausgehoben sind die Variationen für die oben erwähnte Gedichtzeile):

Nachtfahrt[3]

---

[1]Reiner Kunze: auf eigene hoffnung. gedichte. Fischer TB 5230. Fischer Taschenbuch Verlag GmbH: Frankfurt a. M., 7. Auflage 1998.

[2] Diese Diskussion dauerte für einen Teil der AutorInnen noch an, da manche an ihren Übertragungen auch nach der Mundart-Werkstatt weiterarbeiteten. So schreibt Gerlinde Allmayer dazu:
„ (...) ‚die Möglichkeit eines Lichts' lässt sich nicht ins Pinzgauerische übertragen! (...) Ich habe lange darüber nachgedacht. Mit meinem Dialekt kann ich die physischen Sonderheiten des Lichts nicht konstruieren, weil er in der sinnlich erfahrbaren Welt beheimatet ist.
Trotzdem habe ich mich im Übersetzen geübt. Es sind zwei Versionen entstanden, von denen die zweite annähernd Licht hergibt.“
[3]Aus: Reiner Kunze: auf eigene hoffnung. gedichte. Fischer TB 5230. Fischer Taschenbuch Verlag GmbH: Frankfurt a. M., 7. Auflage 1998. S. 9.

Reiner Kunze

Ein licht vor sich herschickend, zufahren
auf ein licht

Auf einen lichtschalter der
nicht berührt werden wird

Unter dessen lampe du schläfst

„Nachtfahrt“ von Reiner Kunze übertragen in den oberösterreichischen Dialekt von *Joschi Anzinger*	„Nachtfahrt“ von Reiner Kunze übertragen ins Pinzgauerische von *Gerlinde Allmayer*	„Nachtfahrt“ von Reiner Kunze übertragen in den St. Galler Dialekt von *Erwin Messmer*	„Nachtfahrt“ von Reiner Kunze übertragen in den Walgauer Dialekt von *Anni Mathes*
nochddfoadd en mein liachdd suach i zan liachdd **s liachdd vamog oiss** **nedda i mog s liachdd** **ned zwinga** waö undda deara loumbbm schlofsdd du *Joschi Anzinger*	**A d Noucht fouhn** (1.Version) A Liacht vohi schickn, auf a Liacht zuafouhn **Vielleicht auf a** **Liacht hi** Auf an Liachtschoita zua owa i wean nit ugreifn Du schlafst unta da Lampm --------------- **Ba da Noucht** (2.Version) Mit an Liacht voraus zuafouhn auf a Liacht **wonn s üwahaupt** **a Liacht gibb** auf an Liachtschoita zua den wous koana daglanga ku unta da Lampn va dem wosd du schlafst *Gerlinde Allmayer*	**Fahrt i t'Nacht** **inä** Sich ä Liächt voruusschiggä und gliichzittig **amenä Liächt** **entgegäfahrä** **aim wos villicht** **gitt** Uf än Liächtschaalter zuä woni aber nöd will aalangä Än Schaalter vonerä Lampä wotduu drunder schloofsch *Erwin Messmer*	**faart im dunkla** a liacht schick ii voruus und faar am entgega **isch as würkli a** **liacht** söll i an liachtschaltr suacha won i net drucka kaa untr ära lampa won i schloof *Anni Mathes*

Im Weiteren haben wir uns dann gezielt mit den mitgebrachten Texten zu *Licht und Schatten* auseinandergesetzt, unterschiedlichste Wort-Klänge und Bedeutungen befragt und erprobt.
Die Texte sind: ironisch, nachdenklich, verschlüsselt, herausfordernd, beunruhigend, geheimnisvoll, verspielt und noch viel mehr.
Alle Teilnehmerinnen verbindet Freude an Klang und Rhythmus, Entdeckungslust und Beharrlichkeit, die es braucht, um anspruchsvolle Texte in Mundart zu schreiben. Viele „Textköder“, d.h. Worte, Bilder lassen nicht mehr los, haken sich fest. Eine Auswahl:
- „Du muaßt ausn Liacht geh…“ (Monolog *Ausn Liacht:* G. Allmayer)
- „und de zidaradi wäd hoid se oiss wieda zrugg“ (Gedicht *liacht und schoddn*: J. Anzinger);
- „schtunda wo rennan /i sibameilaschtifl“ (Gedicht *härbscht:* A. Mathes)
- „mir mund des jetzt tua“ (Gedicht *Dunkler git sich dr Tag (Ohne Titel)*: M. Müller-Seeberger)
- „und t'Liächthöll / vo dä Sonä“ (Gedicht *Birkäpsalm ufem Ligischtuel*: E. Messmer)
- „alsmol werfen stimme / schadde uff die mensche “ (Gedicht *uwedder*: U. Zimmermann).

Im Rückblick bleibt faszinierend:
- der Klang der Texte aus den verschiedenen Sprach- bzw. Dialekträumen
- die Vielfalt der Texte
- die Intensität und Ernsthaftigkeit, mit der alle TeilnehmerInnen sich auf einen Dialog mit den Texten der KollegInnen eingelassen haben
- wie fruchtbar und inspirierend die gemeinsame Arbeit geworden ist und in welch kurzem Zeitraum sich eine so dichte Atmosphäre entwickelt hat, in der viel Humor Platz hat.
Schön ist es, wenn immer wieder gegenseitig Inspirationsfunken hör- und spürbar sind.
Licht und Schatten in diesen Oktobertagen werden durch das herrliche Herbstwetter anschaulich: *Ein Spiel mit Kontrasten* für das Auge – und im Rahmen der Mundart-Werkstatt bereichern Kontraste das Miteinander.
Klangvoll – abschließend noch die berühmte Bludescher Orgel vor Augen und im Ohr – haben diese Tage geendet. Und die Wort-Klang-

Früchte dieser Tage sind nun nachzulesen, viele, auch überraschende, Spuren vom Wochenende, vom kreativen Miteinander, vom Dialog im Schreiben, sind in dieser Rheticus-Ausgabe zu finden!

TeilnehmerInnen der 4. Int. Bludescher Mund Art Literatur Werkstatt v.l. Ute Zimmermann, Margit Seeberger, Gerlinde Allmayer, Mag. Ruth Frick-Pöder, Anni Mathes, Joschi Anzinger, Erwin Messmer, vorne Klaus Mathes, der jede Veranstaltung hilfreich unterstützt

gredat, gseet und gschwätzt

„Mund Art“, das Wort alleine verrät schon sein Geheimnis, dem man in der Kunst des Artikulierens mit dem Mund begegnet. Allein in Vorarlberg unterscheiden wir zehn unterschiedliche Mundartfärbungen. Und wer weiß, wie schwer oft ein Oberländer einen Lustenauer, oder ein Unterländer einen Walser versteht, der weiß, was unter verschiedenen Dialektformen zu verstehen ist. Da behilft man sich dann oft auch noch der Körpersprache, um die gewünschte Diskussion aufrecht zu erhalten. Durch die zunehmende Mobilität ist allerdings die Mundart auch bei uns im Land in der unmittelbaren Vergangenheit sehr „verwaschen“ geworden. Aus dem berühmten „isch gsi“, das uns den Namen „Gsiberger“ eingetragen hat, ist längst ein unpassendes „do war noch“ geworden. Viele tradierte Mundartausdrücke wie „an Kuahtäscha“ (Kuhfladen), „Viölele“ (Veilchen) oder „Pfulfa“ (Kopfpolster) sind unserer Jugend gar nicht mehr geläufig. Umso mehr schätzen wir die Bemühungen unserer heimischen Mundartautorin Anni Mathes und ihre Obsorge zur Pflege der Mundart. Mit ihren internationalen Mundart-Symposien in Bludesch stößt sie immer wieder neue Tore auf, überwindet Sprachbarrieren mit ihrem eigenen „Sprachcharme“ und begeistert über unsere Landesgrenzen hinaus die Fachwelt. Ihr „gredat“, „gseet“ und „gschwätzt“ hat Gewicht und ist Teil unseres erhaltenswerten Kulturgutes. Dafür sei ihr Dank und Anerkennung ausgesprochen.

Michael Tinkhauser
Bürgermeister

Vorarlberger Mundartdichtung –
– die facettenreiche Entwicklung
der letzten 100 Jahre
1.

Gerhard Wanner

„Mundart ischt Mode woara. Noch meh Mode isch as, über d` Mundart z`schrieba und z`räda. Aber natürle noch dr Schrift. Wil wänn ma scho über äppas rädt, wo Mode isch, dänn will ma o gschid drüber räda und (schrieba)...“
(Adolf Vallaster, 1987)

„Dialektologisch besterforschtes Land der Welt“
Im Jahr 2010 fasste der Germanist Dr. Oliver Schallert, wissenschaftlicher Mitarbeiter an der Universität Marburg und Bearbeiter des „Satzbaues der Vorarlberger und Liechtensteiner Dialekte“ die Merkmale des Vorarlberger Alemannischen prägnant zusammen: Vorarlberg besitze eine Vielfalt von Mundarten, wie sie innerhalb des Alemannischen selten anzutreffen sei. Der Dialekt stelle nach wie vor *„das primär erworbene Kommunikationsmittel“* dar, und der Gebrauch des Hochdeutschen sei weitgehend auf schriftliche Kommunikation beschränkt. Und nicht zuletzt sei Vorarlberg *„seinem Universitätsmangel zum Trotz – das dialektologisch wohl bestbelegte und auch besterforschte Land der Welt“*. (Schallert 2010, 35)

Welches sind nun die Gründe für diese wissenschaftliche „Einmaligkeit“? Bereits im 19. Jh. beschäftigten sich „Heimatforscher“ wie der Arzt Franz Josef Vonbun, der Historiker Josef Ritter von Bergmann, Viktor Perathoner und Engelbert Winder mit den Merkmalen der Vorarlberger Mundart. (Strasser 1993; Jutz 1935, 165 f.) Die große Wende in der Sprachforschung erfolgte jedoch erst durch den aus Frastanz stammenden Grazer Universitätsprofessor Leo Jutz. (1889-1962) Bereits in den 30er-Jahren des 20. Jhs. forschte und veröffentlichte er seine Studien. Unterstützt von der Akademie der Wissenschaften in Wien und vom Land Vorarlberg mit seiner Kulturabteilung unter Dr. Arnulf Benzer erschienen schließlich in der Zeit von 1955 bis 1962 16 Einzellieferungen seines „Vorarlberger Wörterbuches mit Einschluß des Fürstentums Liechtenstein". Dabei stützte er sich auf ca. 200.000 Einzelangaben von 104 Ortshelfern. (Wanner 1997, 148 f.; Baur 1975, 229-234) Jutz ist es auch zu verdanken, dass im Jahr 1961 erstmals ein „seriöser" Überblick über die einzelnen Vorarlberger Mundartregionen erschien, in welchem auch auf ihre historischen Hintergründe eingegangen wird. (Jutz 1961, 101-133)

Seine wissenschaftlichen Ergebnisse hatten durchaus politische Relevanz: So lesen wir in einem Beitrag zu seinem Ableben im Jahr 1962 in der vom Land Vorarlberg redigierten Zeitschrift „Montfort" mit einer „Spitze" gegen das nach Zentralisierung strebende „Wien": *„In einem demokratischen Staat hat jedes Bundesland das Recht, neben der Schriftsprache (...) die ihr angestammte Mundart zu sprechen. Die alemannische Mundart besitzt in Vorarlberg Assimilationskraft genug, auch Zuwanderungen zur Kenntnis zu nehmen und zu erwirken, daß die Menschen, die aus einem anderen Mundartbereich kommen (gemeint waren Wirtschafts-Immigranten aus dem bajuwarisch sprachigen „Innerösterreich"), sich anzugleichen bestreben (...): Und so lange diese Beobachtung gemacht werden kann, ist das Volk vor dem Arlberg in seinem geistigen Bestand gesund und nicht hörig, sondern stolz auf die Volkskraft seiner Väter. (...) Die Mundart hat den größeren und härteren Bestand als ein Staat, dessen Grenzen sich immer wieder ändern können."* (Schwarz 1965, 74 f.)

Diese klaren Worte, ein Jahr nach der spektakulären „Fußachaffäre" widerspiegelten Ängste konservativer ÖVP-Landespolitiker: Sie galten dem steigenden Einfluss der bajuwarischen Nachbarmundarten, dem Zuzug von Gastarbeitern und den „fremdmundartlichen Einflüssen" durch gewisse Berufsgruppen in den drei Kleinstädten und den Industrieorten. Wenn man schon die angeblichen „Verfallserscheinungen" der Mundarten nicht verhindern konnte, so doch wenigstens ihr Verschwinden. Dieser Umstand förderte sicherlich die Entstehung des „Vorarlberger Sprachatlasses mit Einschluß des Fürstentums Liechtenstein". (Gabriel 1972, 159-239) Die Sprach-

Aufnahmen wurden in den Jahren 1964-1968 von dem aus Dornbirn stammenden Univ.-Prof. Dr. Eugen Gabriel (*1937) und dem Leiter der Tübinger Arbeitsstelle „Sprache in Südwestdeutschland", Dr. Arno Ruoff, durchgeführt.

Der neueste und umfassende Forschungsstand wurde 1975 auf der 5. Tagung der alemannischen Sprachforschung in Bezau präsentiert. Gab es bislang unter den Mundartskeptikern Vorbehalte und Zweifler, so räumte diese Arno Ruoff endgültig aus, gestützt auf seine empirischen Forschungsergebnisse: *„Durch alle Sozialschichten, Berufsgruppen, Lebensalter hindurch finden wir in Vorarlberg bei Frauen und Männern tendenziell stets die höhere Anzahl an Abstrakta im Wortschatz, an komplizierten Satzgefügen, an unterordnenden Konjunktionen, größere Vielfalt im Gebrauch von Konjunktionen wie von Präpositionen."* Und zur großen Überraschung erklärte Ruoff dies mit der Dialektik zwischen der relativ „altertümlichen" Mundart mit der Umgangs- und deutschen Hochsprache. Es finde eine gegenseitige Befruchtung statt: *„Eine gewisse Reserve gegenüber Wien wie gegenüber den „Reichsdeutschen""* fördere diesen Effekt. Weder Wien noch Stuttgart besäßen in Vorarlberg „sprachliche Mehrwertgeltung". (Ruoff 1975, 254)

Dass die Tonbandaufnahmen von Jutz, Gabriel und Ruoff nicht verloren gingen, dafür sorgte das Tonarchiv der Mundarten Vorarlbergs. Wenn man die Städte außer Acht lässt, wurde jeder 500. Vorarlberger dialektsprachlich erfasst. (Ruoff 1993, 21 f.)

Auch im 21. Jahrhundert betrieb das Land Vorarlberg die materielle und publizistische Förderung der Mundarten: 2012 erschien der „kleine Sprachatlas von Vorarlberg und Liechtenstein" von Hubert Klausmann. Er stützte sich auf die Forschungen Eugen Gabriels und erschloss dessen Ergebnisse erstmals einer breiten Öffentlichkeit.

Trotz dieser Aktivitäten war nicht zu übersehen, dass die „wachgerufene Allgemeinheit" wenig Zugang zur Erklärung der meisten Mundartwörter besaß. Das Wörterbuch von Jutz war längst vergriffen und nur in kleiner Auflage erschienen. Doch diese Marktlücke wurde erstaunlicherweise gefüllt: 2001 publizierte der Heimatschutzverein im Tale Montafon einen umfassenden Überblick über „Muntafuner Wärter, Spröch und Spröchli".

Alles in den Schatten stellte jedoch das „Vorarlberger Mundartwörterbuch" von Hubert Allgäuer, erschienen 2008 in den Schriften der Vorarlberger Landesbibliothek. In 12-jähriger Sammeltätigkeit stützte er sich auf die Aussagen von 427 Gewährsleuten und auf die Mundarttexte der Vergangenheit. In zwei Bänden umfasst das Werk 1.820 Seiten und behandelt sämtliche Vorarlberger Mundartgebiete. Sein Resümee: *„Eine gewisse Nivellierungstendenz wird (...) manche Elemente lokaler Spezifik zum Verschwinden bringen. Als Fazit muss festgehalten werden, dass die Dialekte im traditionellen Sinne mehr und mehr an dialektualer Substanz und an Verbreitung verlieren und sich in Richtung auf eine regionale Umgangssprache hin entwickeln."* (Allgäuer 2008, 1)

„Sprechen Sie Vorarlbergerisch?"

Nach dem Zweiten Weltkrieg nahm der Tourismus in Vorarlberg einen ungeahnten Aufschwung, der auch in die alpinen Landschaften des Montafon, der Walsertäler und des Bregenzerwaldes Eingang fand. Er führte zu ernsthaften Identitätskrisen der bäuerlichen Bevölkerung durch das drohende „Schreckgespenst" der „Überfremdung". Eine Reaktion war die Rückbesinnung auf die „bodenständige" historische Kultur. Ausdruck dessen waren die Entstehung von Trachten- und Musikvereinen und talgeschichtliche Aktivitäten.

Doch das Selbstbewusstsein stieg und damit auch der Stolz auf den eigenen Dialekt. Der Touristen-Gast, der „Ausländer", sollte sich „gefälligst" um die Mundart der „indigenen Einheimischen" bemühen. Mundart war eben keine Schande mehr, im Gegenteil! Sie wurde zum authentischen Markenzeichen, das auch in der Tourismuswerbung ihren Niederschlag fand: So erschien von der „Vorarlberg Tourismus–Repräsentanz Wien" herausgegeben *„Ein kleiner Leitfaden zum besseren Verständnis – Vorarlbergisch für den Urlaub"*. Die „Frömda" erfuhren darin auch, was eine „Flädlesuppa“ war – nämlich eine „Frittatensuppe“, für einen „echten Vorarlberger“ eine sprachlich „preußische“ Unmöglichkeit! Selbst der renommierte Verlag „Carl Ueberreuter“ nahm sich 2004 der Mundart an und leistete unter dem Titel *„Sprechen Sie Vorarlbergerisch? Ein Sprachführer für Einheimische und Zugereiste“* Hilfestellung. Der Autor Markus Kuhn verschonte den Leser nicht mit Spezialwörtern wie „Füdla“ (Hintern) und „schiißa“ (scheißen). Wer auf diese Publikation nicht zurückgreifen konnte, kann sich heute in „Wikipedia“ im universalen Internet orientieren. Umfangreich sind dort „typische Vorarlberger Wörter und Ausdrücke“ aufgelistet und teils den neuen gesellschaftlichen Entwicklungen angepasst. So finden wir gar die „Antibabypille“ - für einen „Frömden“ wohl etwas schwer auszusprechen: „Gega-goga-bolla“ - damit es nicht noch mehr „Goga=Gagla“ (Kinder) in der „Schesa“ (Kinderwagen) vo da „Moatla“ (Mädchen) gibt.

In einem anderen Internetbeitrag erfahren wir gar von einem *„Vorarlbergischen Lern- und Übersetzungsforum“*, in welchem ein Tourist die Frage stellt, was denn nun „luag, was ussakunt“ (schau, was herauskommt) heiße und wie man das ausspreche. Was „ussakunt“? - da war wohl das gute gewinnbringende Geschäft gemeint!

„A hus ha, a oagas“

„Ein eigenes Haus?“ – für einen Vorarlberger geradezu identisch! Auch die drei Bergriffe Eigentum – Haus – Heimat. Heimat und Heimatgefühle drückten sich in der Vorarlberger Literatur des 19. Jhs. wesentlich in der Mundart aus. Die Heimat-Lyrik in hochdeutscher Sprache scheint dagegen oft künstlich. Die Mundartdichtung dieses Jahrhunderts war gekennzeichnet durch die Anekdote, die Texte sollten humorvoll sein, und die Natur wurde romantisch verklärt. Letzteres war wohl eine Form der Gegenbewegung zur sich ausbreitenden Verstädterung im Zusammenhang mit der Industrialisierung. Es ist auch kein Zufall, dass eine enge Beziehung zwischen Heimatliteratur und beginnendem Tourismus besteht, wenn man etwa an den Mundartdichter und Schrunser „Taubenwirt“ Johann Baptist Biedermann (1844-1923) denkt. Durch den

„fremdländischen" Tourismus wurde man sich erst der kulturellen Eigenheiten bewusst und begann, diese literarisch auszudrücken: Dirk Strohmann meint 2010: *„Der Tourismus öffnet der lokalen Literatur die Welt."* (Strohmann 2010, 52 f)

Ein weiteres Kennzeichen der an die dreißig Mundartdichter des 19. Jhs. ist ihre große politische Bedeutung, wodurch sie wesentlich zur Schaffung einer bislang unbekannten gemeinsamen Vorarlberger Landesidentität beitrugen, aber auch bis in die Gegenwart wirkende Klischees schufen. Man denke etwa an Ludwig Seegers (1831-1893) volkstümliches Lied „Uf da Berga ist mi Läba"..." oder an die Gedichte des Bregenzer Arztes Kaspar Hagen (1920-1885) über den sprichwörtlichen alemannischen Fleiß. Noch heute beschwören Mundartdichter wie Ernst Mohr das tiefe Verlangen eines „echten Vorarlbergers" nach einem „oagna Hus und Gärtle":

„A Hus ha,
a oagas.
A Hustür,
a oagne –
zum seall schlüßa,
wänn `d witt.
An Ofa,
an oagna –
füra künna
(...)
Hergott trom i scho lang
voa deam Züg (...)
Ab`r i ha blos a oagni Wohnig
und fühl mi frömd
untr da Obra
und Untra"
(Schwarz 1979, 48)

„Die Arbeit steht durchwegs im Vordergrund"

Eine wichtige Rolle in der Mundart nehmen Redensarten und Sprichwörter ein. Sie besaßen einst eine hohe normative gesellschaftliche Bedeutung, sind heute jedoch zum großen Teil vor allem in den Talregionen aus dem Sprachbewusstsein verschwunden. Ihre zeitliche Entstehung ist nicht bekannt. Analysiert man jedoch ihre Inhalte, fällt auf, dass sie überwiegend einer bäuerlichen Gesellschaft entstammen. Die Industrialisierung wird kaum angesprochen. Ihren Ursprung dürfen wir somit spätestens im 19. Jahrhundert und zwar in der bäuerlichen Gesellschaft annehmen.

Ohne Zweifel widerspiegeln Redensarten die Mentalität einer Gesellschaft, ihre Gefühlswelt und Alltagsphilosophie und regelten so das „außergesetzliche" normative Verhalten. Redensarten erhielten dadurch Allgemeingültigkeit. Dass heute nur noch wenige von ihnen bekannt sind, ist Ausdruck eines tiefgreifenden soziokulturellen Wandels, der sich vor allem nach dem Zweiten Weltkrieg vollzog.

Es ist kein Zufall, dass sich in Vorarlberg die Sprachforschung dieser Literaturgattung annahm, ohne sie jedoch soziologisch zu analysieren - wie keine andere Quelle wäre sie eine Grundlage für die Beschreibung der einst dominanten kollektiven bäuerlichen Mentalität. Der Germanist, Univ.-Prof. Dr. Eugen Thurnher (1920-2007), leitete aus Sprichwörtern Anfang der 60er-Jahre des 20. Jhs. folgenden Vorarlberger Volkscharakter ab: *„Ein tiefer Ernst der Lebensauffassung bildet den Grundton, der durch die vielen Redensarten hindurchgeht (...). Die Arbeit steht durchwegs im Vordergrund (...)"* und, was das „Nid lugg lo" betrifft, meint er: *„Der Spruch gibt in verkürzter Formel die Zähigkeit des Vorarlberger Volksschlages wieder, dem die Treue zur einmal übernommenen Aufgabe und das Festhalten am Ererbten und Geforderten zum Inbegriff des Selbst geworden ist."* (Thurnher 1961, 142 f.)

Dr. Artur Schwarz (1911-1996), Germanist und Gymnasiallehrer, sieht es in seiner umfangreichen Zusammenfassung von „Redensarten und Spruchweisheiten" im Jungbürgerbuch des Jahres 1978 schon etwas kritischer: *„Es gehörte zur Selbstverständlichkeit, daß man in den Heimatort gehörte und nur im Notfall das Vaterhaus verließ. Es war die Zeit der Spießbürgerlichkeit und der Kirchturmpolitik (...).“* Dass die Vorfahren bisweilen dem „Kirchturm“ jedoch durchaus kritisch gegenüber eingestellt waren, lesen wir auf Seite 351: *„Wia nöcher bi der Kilka (Kirche), wia nöchner bi dr Höll.“* (Schwarz 1978, 344-359)

Dr. Franz Ortner (1922-1988), von 1969 bis 1986 politisch einflussreicher Chefredakteur der mächtigen „Vorarlberger Nachrichten“, nahm ganz im Sinne seiner „Pro-Vorarlberg-Politik“ das Thema Redensarten auf und veröffentlichte im firmeneigenen Eugen-Ruß-Verlag 1983 die „Vorarlberger Sprüch“, gesammelt wiederum von Artur Schwarz. Es war ein voller Erfolg! Bald war die 1. Auflage vergriffen. Aus allen Teilen des Landes meldeten sich 200 InformantInnen, und erstaunlich, es waren überwiegend Frauen. Die Sammlung umfasste 266 Seiten. Ortner dazu recht bodenständig: *„Die Vorarlberger Nachrichten stehen zu dieser Schatztruhe an Mundartgut, die sie mit ihren Lesern angestoßen haben, auch deswegen, weil der Gebrauch der Volkssprache ein gutes Mittel gegen die oft hohle und abgenützte Hochsprache des Alltags ist.“* (Schwarz 1983, 5)

Es ist auffallend, dass in den Mundartsprüchen Frauen meist schlecht davonkommen oder überhaupt nicht thematisiert werden. So etwa auch in der Sammlung „Spröch und Spröchli osm Muntafu“: „A böses Wib ischt dr bescht Zu (Zaun) oms Hus.“ (Dönz 1996, 8)

„Klassische Schizophrenie: Bödele- und Ganahlatütsch“

Anthologien bzw. Gedichtsammlungen geben meist einen guten ersten Ein- und Überblick über die literarische Produktivität einer Region, eines Kulturraumes. Es überrascht, dass eine solche Übersicht erst gegen Ende des 19. Jhs. erschien, obwohl es in Vorarlberg in der 2. Hälfte dieses Jahrhunderts mindestens 30 Dialektdichter gab. (Lingenhöhle / Wirthensohn 1992, 421) In den 1895 vom Historiker und Schriftsteller Hermann Sander (1840-1919) zusammengestellten „Dichterstimmen aus

Vorarlberg“ scheinen jedoch lediglich vier Mundartdichter auf, überraschend auch eine Frau namens Gmeiner Elisabeth. (Sander 1895) Eine Erklärung dafür ist wohl der Umstand, dass damals Dialektsprache nichts Besonderes oder Abgehobenes war und die Alltagskommunikation vorwiegend auf Alemannisch erfolgte - bei den Bauern aber auch beim *„behäbigen Bürger und selbst beim studierten Vorarlberger“.* Hochdeutsch wurde bestenfalls in den wenigen amtlichen „Kanzleien“ und in den Gymnasien gesprochen. Generell wurde den „Vorarlbergern“ um das Jahr 1900 nachgesagt, dass sie *„für Kunst und insbesondere für Literatur wenig empfängliche Sinne besitzen und für die schöpferische Tätigkeit auf diesen Gebieten keine oder nur geringe Anlagen bekunden“.* (Winder 1890, 3)

Eine Übersicht über Vorarlberger Mundartliteratur, von den intellektuellen und kapitalistischen Eliten wenig geschätzt, findet sich erst wieder im Jahr 1935 im Zusammenhang mit der vom Historiker und Volkskundler Dr. Adolf Helbok (1883-1968) herausgegebenen „Heimatkunde von Vorarlberg“ in Heft 10. Bearbeiter ist Dr. Leo Jutz, der Schöpfer des späteren Vorarlberger Mundartwörterbuches. Wir treffen auf die wichtigsten Vorarlberger Mundartdichter seit Beginn des 19. Jahrhunderts, vierzehn an der Zahl. Jutz sparte in seiner knappen Übersicht nicht mit Kritik an den „gesellschaftlichen Oberschichten Vorarlbergs“: Sie hätten die Mundart „ganz aufgegeben“ und sprächen eine „Halbmundart“. Er deutet damit auf jenes Phänomen hin, das wir noch heute als „Bödeledeutsch“ (Anm.: Landschaft bei Dornbirn) bzw. „Ganahladeutsch“ (Anm.: nach der Fabrikantenfamilie Ganahl in Feldkirch) bezeichnen. (Jutz 1935, 144-159) Seine Erklärung dafür lautete: *„Eine ausgedehnte Industrie mit vielfach fremden Arbeitern, Kirche und Schule, Lektüre von Zeitungen, Zeitschriften, Kalendern, die ihren Weg bis ins kleinste Bergdorf finden, haben diese Entwicklung begünstigt.“* (Jutz 1935, 146)

Kabarettist und Autor Stefan Vögel meint dazu 57 Jahre später: *„Gesprochen werden die beiden Mund(un)arttypen von Leuten, bei denen – medizinisch gesprochen – eine klassische Schizophrenie vorliegt. Denn einerseits wollen sie sich durch die Verwendung hochdeutscher*

Ausdrucksformen mit dem Flair der großen, weiten Welt umgeben, andererseits soll durch verballhornten Dialekt doch noch ein wenig Lokalkolorit in die Sprache miteinfließen. In Vorarlberg wären sie gern Ausländer, im Ausland brüsten sie sich damit, Vorarlberger zu sein, auf gut Deutsch: Sie sind weder Fisch noch Fleisch." Und das klingt dann so oder ähnlich: *„... weil wissens, hab`i zu mein Mann gsagt, der Carreras hat scho a herrliche Stimm `hab`i gsagt, also gell (...)."* (Vögel / Lerch 1992, 33 f.)

„Der Mundartdichter zum Heimatlichen verpflichtet"

Nach den schlechten und enttäuschenden Erfahrungen, welche das politisch und kulturell entmündigte „Vorarlberger Volk" zwischen 1938 und 1945 mit der „landfremden", nicht alemannisch sprechenden Tiroler und deutschen Verwaltung gemacht hatte (Vorarlberg gehörte zwischen 1938-1945 zum Gau Tirol), besann man sich nach der Wiedererrichtung des „Bundesstaates Vorarlberg" nach 1945 der einheimischen Sprachwurzeln, von denen einige Vorarlberger Historiker glaubten, sie gingen ebenfalls auf eine „tausendjährige" Vergangenheit zurück.

Vergessen war, dass Vorarlberger Mundartdichter in der NS-Zeit, aber auch schon vorher, durchaus dem „Führer" und dem Deutschtum huldigten und ihre Gedichte in den gleichgeschalteten Medien Eingang fanden. Der Germanist Dr. Herbert Wehinger untersuchte dies am Beispiel des „Feldkircher Anzeigers" aus dem Jahr des „Anschlusses" 1938. In einem Gedicht wird der „politische Pragmatismus" und Opportunismus zahlreicher Vorarlberger zusammengefasst:

„Kenn viele, wos grad Sport ischt gsi,
Stramm über d` Nazi z` schimpfa,
Und wünscht sie, wenn es mögle wär,
Mit Pestbazilla z` impfa.

Und iez, der Arm tuat ihna weh,
Am Obad (Abend) no voam grüaßa,
Und tätens, wenns no mögleg wär,

O noch mit beda Füaßa.“
(Wehinger 1988, 156)

Für das Wissen über die Vorarlberger Mundart war das Jahr 1949 eine entscheidende Wende. Artur Schwarz veröffentlichte in der „Heimatkunde von Vorarlberg“, auch als „Jungbürgerbuch“ verwendet, eine prägnante, freilich unkritische Übersicht über die Vorarlberger Mundartdichtung der Vergangenheit und auch über ihre Nachkriegsgegenwart: Eine Würdigung dazu fanden allerdings nur der Dornbirner Armin Diem (1903-1951) und der Lustenauer Hannes Grabher (1894-1965). Es fällt auf, dass diese beiden Autoren noch bis in die späten 60er-Jahre des 20. Jhs. die Vorarlberger Dialektdichtung präsentierten. Aus der „jüngeren Generation“ wurden von Schwarz „nebenbei“ vier Namen genannt: Ildefons Flatz, Otto Borger, Georg Hämmerle und Klara Schwendinger. (Schwarz 1949, 418-431) Eine Auseinandersetzung mit der unmittelbaren und unangenehmen ständestaatlichen und NS-Vergangenheit fand in den Gedichten nicht statt.

Den längst fälligen und wissenschaftlichen Überblick über die Geschichte von Vorarlbergs Mundartdichtung seit dem Beginn des 19. Jhs. schloss im selben Jahr 1949 der Neodoktor Walter Lingenhöle aus Bregenz mit seiner Dissertation ab. Er bezeichnet den sogenannten „Heimatstil“ in den 20er- und 30er-Jahren des 20. Jhs. als die positive Wende in der Vorarlberger Mundartdichtung: *„Wenn die Dichtung von gestern kommt, findet sie das Heute nicht.“* Der Dichter in Vorarlberg müsse der *„Bildner des Volkes, er wird ein Wortführer“ sein.* Und wiederum werden die beiden, Armin Diem und Hannes Grabher, hervorgehoben. Heimatdichtung sei nicht mehr allein Unterhaltung, sondern *„Verpflichtung zum Heimatlichen. Wir brauchen es dringend. Warum? Weil wir sonst einer Vermassung anheimfallen, die trostlose Folgen hat“.* Mit einer Anspielung, wohl auf den „überwundenen“ Nationalsozialismus, meint Lingenhöle in Bezug auf Grabhers Mundartdichtung. Dieser diene einem „neuen“ Heimatbewusstsein, nämlich *„ein edles und heiteres Wort in der Zeit geschrieben zu haben, die so sehr nach Echtheit verlangt“*. Lingenhöles Dissertation war jedoch

erst 1955 als Autorenreferat in einer Kurzzusammenfassung im Jahrbuch des Vorarlberger Landesmuseumsvereins erschienen, somit nur „Eingeweihten" zugänglich.
Im Jahr 1956 erschien von Artur Schwarz im Auftrag der Vorarlberger Germanistenvereinigung die Mundartgedichtsammlung „In der Sprache der Heimat". Schwarz wählte die bekanntesten Dichterinnen und Dichter aus und gab uns damit die Möglichkeit, ihren gesellschaftlichen Status näher zu analysieren. Insgesamt wurden 30 AutorInnen angeführt. Von ihnen waren 53 % ab dem Jahr 1894 geboren und lebten noch, als 1956 ihre Mundartgedichte erschienen. Erstaunlich waren dabei 31 % = 5 Frauen - neben einer Volksschullehrerin vier Hausfrauen. Nach Berufen geordnet, gehörten mit einer Ausnahme als Fabrikant, sämtliche der Arbeitnehmerschaft und hier wiederum Dienstleistungsberufen an: Kaufmann 5, LehrerIn 4, Haushalt 4 (Frauen), übrige Dienstleistung 1. Mundartdichtung war somit eine Erscheinung der bürgerlichen Unterschicht und besaß keine Vertreter im Bauernstand, der Arbeiterschaft und Intellektuellenschicht.

Analysiert man die aufgelisteten Themen nach ihrem Seitenumfang, ergibt sich daraus auch ihre gesellschaftspolitische Bedeutung für den Herausgeber. Am umfangreichsten mit 23 % ist das Thema „Lustiges" vertreten, gefolgt mit 14 % „Brauchtum", 13 % „Der Mensch" und 11 % „An die Heimat" und „Lebensweisheit". Kein Zufall, dass „Arbeit" mit nur 5 % an letzter Stelle steht. Beim Thema „Mensch" stehen Mutter und Kind im Mittelpunkt. Und der damalige Star der Vorarlberger Mundartdichter, Armin Diem, vervollständigt die bürgerlich-konservative und katholische Einstellung der Dichter, wenn wir Folgendes über das „Wibervolk" erfahren:

„Auto fahra, Pfutzga (Moped), Schi,
Zigarettle, Sekt und Wi,
Charleston tanza, Shimmy, Fox
Tennis spila, boxa, feachto,
flügo, ritto und a Häß,
gscheaggat as wi d`Speächto
(...)

Dioweg blibt as numma lang;
Zmol goht d`Wealt den undor."
(Schwarz 1956, 94 f.)

Nach welchen Gesichtspunkten Arthur Schwarz die Mundartdichter des 19. Jahrhunderts auswählte, ist nicht offensichtlich. Unter den insgesamt 12, und welcher Unterschied zum 20. Jahrhundert, sind jedoch allein 7 dem Akademikerstand zugehörig, die übrigen sind selbstständige Unternehmer! (Schwarz 1956, 265-267)
Für die 4. Schulstufe der Vorarlberger Volksschulen gab es „Das neue Lesebuch", 1963 in Graz erschienen. Es beinhaltet auf 187 Seiten Gedichte und Prosa, davon nur drei Textseiten von fünf Autoren in Mundart. Wieder sind es die Stars wie Armin Diem, Hannes Grabher und Seger an der Lutz mit seiner „zweiten Landeshymne": *„Uf de Berga isch mi Leaba"*. Dann finden wir noch Eugen Dobler aus dem Großen Walsertal und Otto Borger aus dem Montafon. Betrachten wir die Inhalte, so steht die bäuerlich-ländliche Idylle im Vordergrund, und gearbeitet wird „nur" bei den stets fröhlichen und lebensfrohen Lustenauern: *„ (...) mer händolond (Handel betreiben) und schwerzind (schmuggeln), hon Tag und Nacht ko Ruo."* (Lesebuch 1963, 157)

Fasst man zusammen, erweist sich die Mundartperiode nach dem Ersten Weltkrieg bis in die 60er-Jahre als Reproduzentin einer scheinbar harmonisch- konservativen Gesellschaft, in der alte Bräuche, überhaupt „Volkskundliches und Volkstümliches" im Mittelpunkt stehen, das es zu erhalten gibt. Von Politik keine Rede, keine gesellschaftliche Kritik, keine Auseinandersetzung mit der Ausbeutung in der Arbeitswelt, keine Klassengegensätze. Vorarlberg – eine heile Welt. Dies geschah unter den wachsamen Augen christlichsozialer Landeshauptleute wie Otto Ender (1918-1933), Ulrich Ilg (1945-1964) und Herbert Keßler (1964-1987) mit ihrer politischen Landtagsmehrheit. Der Historiker Werner Bundschuh formuliert es so: *„Doch Keßlers Thesen dienten dazu, das Bild von einer homogenen Gesellschaft zu entwerfen und Konfliktlinien zu leugnen. Denn selbstverständlich lassen sich auch in Vorarlberg nach 1945 sozioökonomische, parteipolitische, religiöse oder zentrum-peripherie-orientierte Konfliktfelder ausmachen."* (Bundschuh 2000, 206 f.)

Andererseits initiierte der Jurist Dr. Herbert Keßler 1974 eine österreichische Neuheit, ein modernes Kulturförderungsgesetz, und er griff selbst als Kulturlandesrat nur wenig in die sich entwickelnde zunehmend gesellschaftskritische Kulturszene ein. (Wanner 1995, 460)

„Demonstrieren in Opposition zu den Oberen"

Gesellschaftliche und kulturelle „Konfliktlinien" traten in Vorarlberg seit den 70er-Jahren offen zu Tage. Eine neue junge Nachkriegsgeneration war herangewachsen, die sich vom elterlich konservativ-autoritären Gedankengut des Ständestaates und Naziregimes zu distanzieren begann und Ideen der Aufklärung und des Liberalismus auf ihre Fahnen heftete. Aufklärung war bislang in Vorarlberg ein verachtetes „Fremdwort". Gleichzeitig entwickelte sich eine kleine autonome weibliche Emanzipationsbewegung. Dazu kam der geistige Aufbruch während der sozialistischen Alleinregierungen unter Bundeskanzler Bruno Kreisky (1970-1983).

In Vorarlberg zeigte sich dieser sich anbahnende geistige Wandel in einer Reihe „abweichender" kultureller Aktivitäten, die sich teilweise einen institutionellen Rahmen gaben und auch den Bereich Mundartdichtung beeinflussten - für die Mehrheit der Vorarlberger eine intellektuelle Herausforderung. (Schall 2007)

1970: Kabarett „Wühlmäuse"
1971: Lesereihe in Bregenz unter dem Titel „Literarisches Bewußtsein in Vorarlberg"
1972: Gruppe „Vorarlberger Kulturproduzenten"
(1972: Einstellung der ÖVP-Parteizeitung „Vorarlberger Volksblatt")
1972: Vorarlberg erhält ein neues und eigenes ORF- Landesstudio
1972: Erstes Vorarlberger Jugendhaus in Feldkirch
1972-1975: „Randspiele" (Alternativprogramme zu den Bregenzer Festspielen) 1973: Entstehung der ersten autonomen Frauengruppe
1973-1979: „Wäldertage", Vortrags- und Veranstaltungsreihe von Jugendlichen
(1974: Kulturförderungsgesetz des Landes Vorarlberg)

1978: Internationaler Frauentag. Aktion unter dem Motto „Gewalt gegen Frauen"
1980: „Verein zum Schutz misshandelter Frauen und Kinder"
1981: „Spielboden" in Dornbirn
1982: „Johann-August-Malin-Gesellschaft". (Ihre „jungen" Historiker werden als „linke Umschreiber" bezeichnet.)
(1984: Die reformierte Landesverfassung bekennt sich „zur Pflege der in Vorarlberg beheimateten Mundarten".)
1986: „Zeitschrift für Kultur und Gesellschaft"
1986: Medien- und Historikerstreit mit den „Vorarlberger Nachrichten"
1988: TV-Nachrichtensendung „Vorarlberg heute"

Den hörbaren und breitenwirksamen Beginn machte das 1970 gegründete Kabarett „Wühlmäuse" aus Rankweil in „Oberländer Dialekt" unter dem Lehrer Heiner Linder. In einem Vorwort zu ihrer Textsammlung hieß es ungeschminkt: *„Zunächst einmal bietet der Dialekt die Möglichkeit (...) als unmittelbare Demonstration und in Opposition zu den Oberen für den kleinen Mann zu sprechen. (...) was ihn (Dialekt) eigentlich kennzeichnet: Brachiales, Brutales, Inhumanes nicht selten (...)."* Zum Thema Politik und Wahlen formulierte der Texter Ulrich Gabriel: *„Eatzt spendierond se großzügig 200 Milliona us üsra Hosa zum ihre kaputto Gsichter und Sprüch dur Briefkäschtaschlitz, Zitig und ´s Fernsehn als Demokratie i`s Hus krücho lo."* (Linder 1980, 22)

Eine Fortsetzung der Kabaretttradition fanden die „Wühlmäuse" 1991 bei einer Gruppe, die unter dem Titel „Grüß Gott in Voradelberg" auftrat. Hauptakteur und Textschreiber war unter anderen Stefan Vögel. Ihre Aufführungen in Dialekt und „Ganahlatütsch" waren „Riesen-Erfolge", vor allem weil es der Gruppe gelang, das so „typische" Vorarlberger Gesellschaftsleben und die Vorarlberger Mentalitäten darzustellen. Die Besucher fanden sich in den Stücken wieder, eine totale Identifikation war gelungen. Über die Arbeitsmoral eines „schaffiga" (und typischen) Fabriksarbeiters war zu hören: *„Grabher, Sie hon no koan oanzige Tag in Ihrem Leba freigno. Isch eppas ned körig mit Ihna? Sie hond nedamol an Tag Krankastand ka."* (Vögel 1999, 23)

Auf der „1. Internationalen Arbeitstagung für Mundartliteratur" 1974 in Obergurgl war es ausgerechnet die „nur" 32 Jahre alte, aus Rankweil stammende Elisabeth-Wäger-Häusle, die zwei Jahre zuvor mit Schreiben begonnen hatte und nun mit der Geschichte der Vorarlberger Dichtung demaskierend ins Gericht ging: *„Dichtung in Volksausgaben war der Ackermann mit dem Saatkorn und dem Blick zum Himmel, war die glückliche Mutter mit der glücklichen Schar Kinder um sich, war das einem Schmetterling nachschauende Kind mit glänzenden Augen, war das Bildstöckl. Dichtung war aber integriert in Schützenfeste und Kriege, (...) lehnte sich an die Formen der Romantik an und verpaßte in diesem Moment den Anspruch nach sprachlicher Identität. Idealisierte, romantische Inhalte aus der Hochsprache wurden verdialektisiert (...) Anstatt von der Wirklichkeit zu reden oder über die Wirklichkeit nachzudenken, brachte es die Dialektdichtung zu einer in ihren Konsequenzen wohl nicht absehbaren Verschleierung der Realität und das war wohl auch ihre Funktion."* (Internationale Arbeitstage 1976, 57 f.)

In einem ihrer Mundartgedichte, bereits 1972 verfasst, war zu lesen:
„Bsoffa hoamko
dr kuchikaschta uf
sgschirr ussaghaut
im rusch
s wieb umagschlacha
d gofa ussagjagt
i dr nacht
ischt sie ummagrennt ko
und heat gsät
helfend mr."
(Wäger-Häusle 1972, 30)

Der mutigen Außenseiterin kam zur selben Zeit der zwei Jahre ältere Adolf Vallaster aus Mäder „zur Hilfe". Der gelernte Mechaniker und schließlich bis 2000 Gemeindebedienstete fiel vorerst nur „einem kleinen Kreis literarisch Interessierter" auf. Sein untypisches Markenzeichen war nämlich die Abkehr vom anekdotisch-erzählenden Gedicht „zugunsten" einer kritisch-reflektierenden Bestandsaufnahme zwischenmenschlicher und gesellschaftlicher Zu- und Missstände – durchaus erstaunlich für seine Funktion als Obmann-Stellvertreter des „Katholischen Bildungswerkes Vorarlberg". Vallaster thematisierte nicht nur den Untergang der Menschheit und der Welt, sondern auch tabuverletzend die *„Überheblichkeit hierarchischer Systeme wie Kirche, Vatikan, Krankenhaus und Politik*". Er prangert das Duckmäusertum und die Untertanenmentalität, die faschistoiden Kriegserinnerungen an. Klaus Feßler fasst zusammen: Vallaster habe die Mundart *„vom Stallgeruch der verlogenen Heimatdichtung befreit*". (Gassner 1993, 300. Feßler 1989, 24)

Kennzeichnend für ihn aus seiner Anthologie aus dem Jahr 1987:
„(...) Ma künt o d`Schnoarra halta,
also, wia ma `s glernt heat.
Aber i will räda
i will läschtig si,
i will d`Schnoarra verrupfa
wil i `s nid ushalt
zum schtill si (...)"

(Vallaster 1987, 20)

Adolf Vallaster sollte auch in Zukunft im 1982 gegründeten „Vorarlberger Autorenverband" in der Arbeitsgruppe Mundart eine zentrale Rolle spielen. (Schwarz 1981, 68 f.)

Als der bisher unumstrittene Fachmann und Bearbeiter der Vorarlberger Mundart, Artur Schwarz, im Jahr 1979 ein 77 Seiten umfassendes Bändchen mit dem Titel „Mundartdichtung in Vorarlberg" für die „Mundartfreunde Österreichs" herausgab, verteidigte er die bisherige traditionelle Mundartdichtung. Heute befände man sich in einer Periode der Zeitkritik, des schwarzen Humors, der die Schwächen des Alltags oft in einem „deutlichen Zynismus" erläutere. *„Ob sie* ***die*** *Mundartdichtung werden wird, muß eine spätere Zeit aussagen."* Wenn Dialektdichtung nur „protestierend" sei, *„würde ich sie heute bedauern"*. Schwarz tröstete

sich jedoch: Für viele Dichter sei die Welt noch in Ordnung, *„in der Muttersprache hören wir halt lieber von den sonnigen Seiten des Alltags“.* (Schwarz 1981, 9, 45, 77)
Auffallend in der Gedichtauswahl von Artur Schwarz findet sich unter den 45 AutorInnen der beachtliche Anteil von 26 % Frauen, die meisten davon Hausfrauen. Die Hälfte von ihnen war in den zwei Jahrzehnten der Zwischenkriegszeit geboren, Gesellschaftskritik gab es von ihnen kaum.
Wenn es jungen „trotzigen“ Mundartdichtern auch nicht gelang, vorerst eigene Anthologien herauszugeben, so erhielten sie in der 1986 gegründeten *„Zeitschrift für Kultur und Gesellschaft – Kultur“* eine mediale Plattform, wurden sie darin einer breiteren Öffentlichkeit vorgestellt. Ganz im Geiste der Aufklärung erschien „Kultur“ zum Gedenkjahr 1789-1989 unter dem kämpferischen Titel: *„Wider die Entmündigung. Aufklärung in Vorarlberg“.* Darin hieß es über die Haltung der jungen „unangepassten“ MundartdicherInnen: *„Wurde abweichendes Verhalten ehedem meist verspottet und abgelehnt, so finden wir nun engagierte, aufrüttelnde Texte über jugendliche Außenseiter, Alkohol- und Drogenabhängige, Nervenkranke und Selbstmörder. Unangepaßtes Verhalten wird zunehmend positiv bewertet.“* (Lutz 1989, 19)

„Dr Mennsch ischt doch koa Ding“

In den Kreisen der heimischen Lehrerschaft und bei besorgten Eltern vor allem der städtischen Mittelschichten trat die Frage auf, ob die dominante Verwendung der Mundart nicht das Erlernen der deutschen Hochsprache gefährde und damit die schulischen und wirtschaftlichen Erfolge im weiteren Lebensverlauf. Diese Sorgen besaß man an den meist kleinen dörflichen Schulen nicht, wo man auch im Unterricht überwiegend im Dialekt sprach - und wer besuchte schon bis in die 60er-Jahre des 20. Jhs. hinein eine Hauptschule oder gar eine Höhere Schule! Die Vorarlberger ÖVP-dominierten Schulbehörden scheinen auf das Hochdeutsche, damals eine ausgesprochene Amts- und „Kunstsprache“, ebenfalls wenig Wert gelegt zu haben. So förderten sie 1950 die Herausgabe einer Volks- und Heimatliedersammlung, die auch in der Lehrerbildungsanstalt in Feldkirch zum Kanon der auswendig zu lernenden Lieder gehörte. Unter den insgesamt 31 „Volksliedern“ waren lediglich 7 in Hochdeutsch, die anderen im Dialekt, galten der Verherrlichung des „Heimatlichen“. Die Vorarlberger Musikerzieher beklagten jedoch, *„die Vorarlberger Lieder sind noch sehr wenig bekannt“* und man wünschte sich, diese *„durch die Schuljugend in die Familien hineinzutragen“.*

Eine inhaltliche Analyse widerspiegelt den gewünschten weltanschaulichen Hintergrund der Texte: Von den 7 Volksliedern in Hochdeutsch besaßen 4 religiösen Inhalt. Und die alemannischen Heimatlieder besangen mit je 5 Themen das Bergbauerntum und die Kindheit, gefolgt vom Lob Vorarlbergs und der „Liebe“. Auf der „Mundart-Hitliste“ finden sich vier Lieder, die zur damaligen Zeit wohl jeder „echte Vorarlberger“ kannte und auch sang. Sie waren in hohem Maße identitätsstiftend:

1. *Grüeß die Gott, mi subers Ländle döt am Rhi und Bodasee...*
2. *Müsle gang ga schlofa, der Tag zücht us beid Schua...*
3. *Uf da Berga ischt me Läba, uf da Berga frei und froh......*
4. *O Hoamatle, o Hoamatle am himmelblaua Bodasee.....*

Und im vom Unterrichtsministerium in Wien 1953 approbierten Lesebuch der 6.-8 Schulstufe der Volksschule hieß es ganz im Sinne der Landesregierung in einem eigenen Beitrag über das Verhältnis von Mundart zur Hochsprache: *„Wie oberflächlich ist also die Verachtung der Mundart! Und wie sehr ist es auch unsere Pflicht, sie unverdorben und rein zu sprechen, da sie gerade jetzt wie niemals zuvor durch das in der Schule und im alltäglichen Verkehr, im Rundfunk, in der Zeitung und im Film ununterbrochen gehörte und gelesene Hochdeutsch gefährdet ist! Mit unserer Mundart würden wir ja nicht nur eine alte Sprachtracht, eine Erinnerung an unsere Vorfahren, ein Merkmal unserer Eigenart, sondern ein großes, liebes Stück Heimat verlieren.“* (Bohle 1953, 146 f)
Das Lesebuch für die 4. und 5. Schulstufe, ebenfalls 1953 erschienen, mit der sinnigen Einführungsseite *„Nicht für die Schule, für das Leben lernen wir!“,* wies auf sieben Seiten ein eigenes Kapitel „Sprache und Mundart“ auf, in welchem zwölf MundartdichterInnen vorgestellt wurden. Der

bekannteste unter ihnen, Kaspar Hagen (1820-1885), sprach aus dem Herzen:

„Hoamatsproch und Hoamatgsang,
o wie klingst a liebe!
Bist an wahrer Zauberklang
Üs i Heall` und Trüebe (...)"

„Trotz" der Gedichte über die *„Bschüttilägolo"* (Jauchefass) von Hannes Grabher und der *„Leui"* (Schneelawine) von Johann Biedermann beschrieben die Inhalte eine sorglose und heile Welt. (Eberle 1953, Heimat und Vaterland, 132-137)

Damit wegen all zu viel Mundart Schulerfolge in der Hochsprache Deutsch nicht leiden sollten, führten Mitglieder aus der Rheticus-Gesellschaft 1983 eine soziolinguistische Untersuchung durch. Sie kamen zum überraschenden Ergebnis, der Dialekteinfluss führe kaum zu Fehlern in der Hochsprache und *„daß der Einfluß des Dialekts auf die Leistung der Schüler im Fach Deutsch nicht überbewertet werden muß"*. (Ebenhoch / Dünser 1983, 64-74)

Dass diese Erkenntnisse auch in die Institution der Pädagogischen Akademie in Feldkirch eingedrungen waren, bewies das Projekt des dortigen Professors Dr. Otmar Gassner im Jahr 1992 unter dem Motto „Schüler schreiben Mundartgedichte". Es war erstaunlich festzustellen, dass die jungen Dialektsprecher und nun auch Schreiber sehr wenig mit dem *„Abendglöckle, der Dämmerung, dem Hirtenlied, der schönen Heimat, dem Gesang"* „am Hut" hatten, wie sie heute sich ausdrücken würden. Ihre Texte waren durchaus kritisch und reflektorisch. Zwei kurze Auszüge davon:

„Türka.
Angscht, daß se oam da Arbeitsplatz wägneh könnten.
Angscht, daß as immer meh und meh wöran.
Angscht, daß se schtälan und lügan.

Oder über die
„Usländer: (...)
Ma ka sich doch net im Ernscht froga,
ob ma an Usländr brucht oder net.
Ma ka sich doch (...)
Ob ma an Mensch brucht odr net.
Dr Mennsch ischt doch koa Ding,
des ma kofa odr hola ka,
wenn ma`s grad brucht.
Und `s wiedr furthaua,
wenn ma`s numma brucht.
(Gassner 1992, 133 f.)

Im letzten Drittel des 20. Jhs. kam es in Vorarlberg zu einem starken Ausbau der Mittleren- und Höheren Schulen, in denen dem Fach Hochdeutsch großes Gewicht beigemessen wurde. Dennoch ließ und lässt sich der überwiegende Teil der Kinder und Jugendlichen nicht vom Dialekt abhalten. „Chatten" im Internet und SMS erfolgen meist in der Mundart. *„Singa, wia dr Schnabl gwachsa isch"* wurde zum „Megaerfolg". Doch dieser alemannische Dialekt ist bei den „Jungen" starken Veränderungen unterworfen, passt sich internationalen Trends der Jugendkultur an, und manch Erwachsener und selbst Lehrer haben Verständnisprobleme. Der Lustenauer Lehrer, Sänger und Dialektliedermacher Wolfgang Verocai bringt es in seinem Lied über ihre neue „Begrifflichkeit" auf den Punkt: *„Alls ischt cool, alls ischt geil, alls ischt mega, alls ischt steil….."*

„Kritisch für Bewahrenswertes"

In den 70er Jahren begannen sich auch zwei Vorarlberger Kulturvereine für die Mundart zu engagieren. Es war der 1969 gegründete Franz-Michael-Felder-Verein und die 1976 gegründete Rheticus-Gesellschaft unter ihrem Ex-Landesamtsdirektor Dr. Elmar Grabherr (1911-1988) als erster Obmann, der auch Gründungsmitglied des Feldervereins war. Ihm lag antizentralistisches traditionelles und vor allem demokratisches „Vorarlbergertum" sehr am Herzen. (Haffner 2000, 373 f.) Herbert

Wehinger, im Beirat der Rheticus-Gesellschaft vertreten und später dessen Obmann (1987-1993), nahm sich der Mundart an. Ab 1979 organisierte der Verein „Mundartabende". Wehinger war jedoch kein Vertreter des Traditionalismus. Er sprach nämlich von einem „wachsenden Anspruch auf die kritische Funktion" der Mundart. Gewisse Denk- und Verhaltensmuster der Mundart seien „ins rechte Licht" zu setzen. *„Sie hat sich erneut der Wahrheit verschrieben. Wo es aber um die Wahrheit geht, geht es auch um ein Wagnis. Und dieses geht es einmal mehr zu bestehen."* (Wehinger 1979, 17 f.)

Herbert Wehinger wurde in seiner Haltung auch durch die Ausführungen auf der 9. Gesamtösterreichischen Mundartdichtertagung 1980 im katholischen Bildungshaus St. Arbogast bei Götzis unterstützt, welche die Rheticus-Gesellschaft gemeinsam mit dem ORF Vorarlberg organisiert hatte. 80 Mundartdichter aus Österreich waren erschienen - und politische Eliten des Landes Vorarlberg. Der Tenor: Man distanzierte sich nicht von den „Traditionalisten", begrüßte das Nebeneinander mit den „Progressiven", aber klar sprachen sich die Referenten gegen „Lederhosen-Reimerei" und den Hang zur Idylle und Trivialität aus, es gelte, sich *„kritisch für Bewahrenswertes"* einzusetzen. Was die Zukunft des Fortbestehens der Mundarten anlangte, war man skeptisch - nur ein „Umdenken" könne den „drohenden Verfall vielleicht" noch aufhalten. (Wehinger 1980, 142-147)

Um diesen zu verhindern, wandte sich die Rheticus-Gesellschaft 1983 in einem „offenen Brief" an „Radio Vorarlberg", auf welchen eine Aussprache mit dem Intendanten folgte. Ziel war es, dem ORF nahe zu legen, sich vermehrt der Mundart zu widmen: *„Was fehlt, ist ihre Verwendung als Ausdrucksmittel des Rundfunks bzw. seiner Mitarbeiter selbst."* Es wurde vorgeschlagen, Interviews, Moderationen und „Standardansagen" sollten in Mundart erfolgen. Der ORF unter dem aus Tirol stammenden Intendanten Dr. Leonhard Paulmichl versprach, den Dialog weiterzuführen. (Müller 1983, 61-63) Er sollte vorerst zu keinem Erfolg führen.

In den 80er-Jahren des 20. Jhs. erlebte die Mundartdichtung in Vorarlberg eine bislang unbekannte Blütezeit. Unterstützung erfuhr dieser Trend auch von politischer Seite. In der grundlegend reformierten Vorarlberger Landesverfassung wurde nämlich die *„Pflege der in Vorarlberg beheimateten Mundarten"* verankert.

Eine Gedichtsammlung von Edith und Klaus Lutz, die Zeit zwischen 1955 und 1985 umfassend, wies 45 Autorinnen und Autoren auf. Die Initiative dafür ging vom Franz-Michael-Felder-Verein aus. Der „Lyrik-Traditionalismus" war keinesfalls überwunden, wie sich zeigen sollte: *„Die überwiegende Zahl literarischer Mundartprodukte hält sich thematisch und formal an Traditionen, die zum Teil weit in die erste Hälfte dieses Jahrhunderts oder gar ins 19. Jahrhundert zurückreichen."* (Lutz 1985, 10) Dass die Qualität und thematisch-stilistische Ausrichtung der angeführten Mundartlyrik eine Frage der Generation war, beweist die Statistik: Von den 45 genannten Autorinnen und Autoren waren 67 % vor 1938 geboren, 18 % in der NS-Ära zwischen 1938 und 1945 und nur 15 % nach 1945. Inhaltlich kennzeichnend waren die Verwendung der Anekdote, die Behandlung der Ereignisse im Jahresverlauf und die unbeschwerte Unterhaltung.

Im dörflichen Leben wurde Mundart in zahlreichen Theaterproduktionen, besonders Bauernschwänken, gesprochen: *„Ihre Bedeutung liegt wesentlich stärker im Sozialen als im Literarischen."* Der „Mut zum Experiment" und zur Gesellschaftskritik, wie es Adolf Vallaster nannte, fehlte immer noch, abgesehen von den Frauen Inge Dapunt und Elisabeth Wäger-Häusle, von Ulrich Gabriel und Werner Hagen mit ihrem „Kasperletheater" am Spielboden oder der nun aufkommenden „Alemanno-Popmusik". (Lutz 1985, 11-13)

Es dauerte bis zum Jahr 1992, bis eine für die „Allgemeinheit" zugängliche Geschichte der Mundartdichtung des 19. Jhs. unter dem Titel „Muettersproch" erschien. Bestens kommentiert und mit allen zur Verfügung stehenden Quellen dokumentiert, werden 17 Dichter vorgestellt, ihre Biografien und ihre wichtigsten Gedichte. Eine nicht nebensächliche Motivation zu dieser 431 Seiten umfassenden Ausgabe von Walter Lingenhöle und Ernst Wirthensohn war auch diesmal ideologischer Natur und unterschied sich im Grunde nicht von den Klagen des Sprachforschers Leo Jutz fünfzig Jahre zuvor: *„Eine sprachliche Traditionspflege ist für Vorarlberg von heute von realer Notwendigkeit, weil hier in der Zwischenzeit durch fremdsprachliche Einflüsse der verschiedensten Art und Stärke (...) die angestammte Mundart auf die Ebene der Verflachung und der Dezimierung gedrängt wurde. Die Folge ist ein umgangssprachliches Vielerlei, das den bodenständigen Sprechton gleich irritiert wie abschwächt."* Dialekt habe mit Nähe zu tun, mit Heimat, wer ihn spreche, sei *„kein Verlorener, kein Ausgesetzter im wirren Raum der Welt"*. (Lingenhöle / Wirthensohn 1992, 5 f.)

Schließlich wurden Vorarlbergs DichterInnen so selbstbewusst, dass sie auch die nationalen Sprachgrenzen zu überschreiten wagten. 1996 erschienen unter dem Titel „Am Rhii (Rhein)" Mundarttexte aus Vorarlberg, Liechtenstein und der rheinnahen Ostschweiz, herausgegeben im Auftrag der „Rheintalischen Grenzgemeinschaft". Im Jahr 2005 gab es unter der Projektleiterin Anni Mathes die „Erste Internationale Bludescher Mund Art Literatur Werkstatt".

Der Trend zur Mundart setzte sich nach 2000 fort. Tageszeitungen widmeten ihr und ihren AutorInnen ganze Seiten. Im Jahr 2002 organisierte der ORF, gemeinsam mit dem Vorarlberger Autorenverband und der Rheticus-Gesellschaft in Nenzing einen großen Mundartwettbewerb - 33 Personen nahmen daran teil. Das absolut Außergewöhnliche daran war jedoch, dass 70% aus Frauen bestanden, die ihre Gedichte außerdem bereits auf eigenen CDs dokumentiert hatten! Waren die vielen Mundartautorinnen ein weiteres Zeichen eines kulturellen emanzipatorischen Aufbruchs? (Vallaster 2002)

„Deutscher Lieder froher Schall"

Das Jahr 1867 brachte in der österreichischen Reichshälfte der Habsburger Monarchie eine liberale bürgerliche Verfassung, die auch das bürgerliche Recht enthielt, Vereine zu gründen. Für das musikalische

Leben bedeutete dies einen ungeahnten Aufschwung. Im Land Vorarlberg begann eine Blütezeit des Chorgesanges in Form von Männerchören, Männergesangsvereinen, Liederkränzen, Liedertafeln und sogar einiger Frauenchöre. Gesungen wurden überwiegend sogenannte „Volkslieder". Ihre Sprache war jedoch nicht etwa der Dialekt, das Alemannische, sondern meist das Hochdeutsche, das sich am schwäbischen Liedgut orientierte. (Schneider 1992, 54) Dies war kein Zufall, sondern entsprach der überwiegenden kulturpolitischen Einstellung der liberal und großdeutsch gesinnten Sänger, von denen sich sogar noch bis zum Ende des Zweiten Weltkrieges viele als „gute Deutsche" fühlten.

Zum Sängerbundfest 1884 in Lustenau hieß es: *„Das deutsche Lied mit seiner entflammenden Gewalt verbindet uns mit Euch (den anwesenden Sängern aus Deutschland), das herrliche deutsche Lied, es ist das Band, das alle deutschen Sänger und Brüder umschlingt. Also kommt, liebe Sängergenossen, mit uns einen Tag weihevoller Begeisterung zu begehen!"* (Bachmann 1962, 31) Und noch auf dem Titelblatt der Festschrift des Vorarlberger Sängertages in Bludenz 1929 lesen wir folgende vertonte Strophe: *„Deutscher Lieder froher Schall künd Lieb und Treu all überall!"* (Feierabend 1929, 23 Folge)

Und in der Tat, im 19. Jahrhundert war das alemannisch sprachige Volkslied beinahe verschwunden. Michael Felder beklagte, man singe lauter „fremde" importierte Lieder - *„Wiener Späße, Tiroler Schützenlieder"*, begünstigt durch den Militärdienst außerhalb Vorarlbergs, durch die Saison-Wanderarbeit und die Schwabenkinder. (Schneider 1984, 37-40)

Besonders „treudeutsche" Liedersänger waren Vorarlbergs Studenten - politisch überwiegend „großdeutsch bzw. deutschfreisinnig" eingestellt. In ihrem „Liederheft" aus dem Jahr 1919 findet sich unter 116 Gesängen nur ein einziges Lied in Vorarlberger Mundart – vom bekannten Seeger an der Lutz (1831-1893), ein Loblied auf die Sennerinnen: *„Di Singa, di Jodla, vergiß i net meh."* Auch das Vereins- und Jugend-Liederbuch *„Der junge Vorarlberger"* (um 1930) nennt unter den 82 Liedern nur drei in Mundart, darunter *„Uf da Berga"*. Und wie eine Liedersammlung des späteren Direktors des Vorarlberger Landesmuseums, Dr. Elmar Vonbank aus dem Jahr 1940 belegt, stammten diese meist aus der Schweiz und aus dem bajuwarischen Raum. (Schneider 1991, 201-205) Wie „exotisch" in den erlauchten Herrenrunden der Gesangsvereine des 19. Jhs. ein alemannisches Volkslied gewesen sein muss, beweist die Causa des Liedes *„Uf da Berga ischt mi Läba"*, ebenfalls von Seeger an der Lutz, komponiert von Wunibald Briem (1841-1912), eine Mischung von Walser und Montafoner Dialekt. Auf dem Sängerbundesfest in Bludenz wurde es im August 1890 uraufgeführt. Es war dies *„ein erster Versuch zur Schaffung eines Vorarlberger Volksliedes"*, wie es hieß. Das Lied gewann sogar einen Preis und wurde in Wien erfolgreich aufgeführt – erstmals ein Vorarlberger Lied in alemannischer Mundart in der *„breiten Öffentlichkeit"!* (Schneider 1976, 224) Dennoch - das freie Leben *„uf da Berga"* war für die eifrigen konservativen k. k. Schulbehörden in Bregenz nicht unbedenklich: Sie nahmen eine Prüfung des Liedtextes vor und gestatteten schließlich, dass das Lied *„in den Schulen des Landes Vorarlberg als zulässig zu erklären"* sei. Davon waren Schulleiter und Lehrer in Kenntnis zu setzen. (Bachmann 1967, 120-123)

Aber wie stand es nun wirklich um das Volkslied in alemannischer Mundart? Als Helmuth Pommer (1883-1967), der Sohn des bekannten österreichischen Volksliedforschers Josef Pommer (1845-1918) nach dem Ersten Weltkrieg nach Vorarlberg kam, waren seine Feststellungen niederschmetternd: Im Ländle werde so gut wie nicht mehr gesungen, er werde *„wohl schwerlich echtes Volksgut an Liedern und Jodlern auffinden (...) gehört es überhaupt zu den schwierigsten Aufgaben, dem Älpler die Zunge zu lösen und sein Mißtrauen gegen den Städter zu überwinden (...) aus allem geht hervor, dass das Volkslied zwar im Absterben begriffen, aber keineswegs erstorben ist"*.

Was den evangelischen Pfarrer Pommer in Bregenz letztlich zu seinen umfangreichen und in Vorarlberg ersten Volksliedsammlungen bewegte, war auch ideologischer Natur. Im Jahr 1920 bekannte er freimütig und wohl in Übereinstimmung mit einem Großteil der Vorarlberger Bevölkerung, auch im christlichsozialen Lager: *„Das deutsche Volkslied* *pflegen, heißt den Weg zurückzufinden aus moderner Über- und Un-Kultur zu der Quelle, aus der wir Gesundheit trinken können für Leib und Seele (...) in unserer leidvollen Gegenwart den verlorenen Anschluß an die bedrohte Kultur unserer guten deutschen Vergangenheit wiedergewinnen (...) die Rückkehr zur Einfalt, Treue, Häuslichkeit, Wahrheit, Kraft und Freudigkeit unserer Väter (...) Einkehr zur deutschen Heimat, zum deutschen Liede – da liegt unsere Rettung."* Laut Pommer war das Volkslied vor allem in Hochdeutsch geschrieben und sollte der *„mittleren und unteren Schicht"* des Volkes entstammen, noch *„bar moderner Kultur und Unkultur"*. Es entsprach dem „Wesen" des Volkes. (Pommer 1920, 66 f.) Ob der protestantische Pastor ahnte, dass er mit seinen Worten der aufkommenden NS-Ideologen aus dem Herzen sprach?

Der eifrige Sammler und Forscher rief in Vorarlberg „Volksliedausschüsse" ins Leben, jedoch mit wenig Erfolg für die Verbreitung des „echten" Volksliedes, abgesehen vom Bregenzerwald, wo *„viel und gerne gesungen"* werde. (Pommer 1933, 121-125) Vereinzelt nahmen sich jedoch Chöre dem alemannischen Liedgut an. (Schneider 1966, 118)

Es waren nur noch ältere Menschen, die in den 30er-Jahren des 20. Jhs. von den alten Volksliedern wussten, bei den Jugendlichen war das Liedgut in Vergessenheit geraten. (Pommer 1964, 67-73) Dem stimmte auch der Volkskundler und Historiker Adolf Helbok 1927 zu: Das alemannische Volkslied führe *„in einzelnen Nestern eingekapselt unter liebevoller Pflege abgelegener Berggemeinden (Riefensberg!) ein stilles Leben"*. (Helbok 1927, 63)

Leise regte sich aber doch ein Pflänzchen gegen diesen übermächtigen Fremdeinfluss. Es ist mit dem Bregenzerwälder Mundartdichter Gebhard Wölfle (1848-1904) verknüpft. Mehr als ein Dutzend seiner Mundartgedichte wurden vertont und zählen noch heute zum Grundstock des Bregenzerwälder Volksliedes. (Lingenhöle / Wirthensohn 1992, 305 f)

„Min kläns, min subers Ländli"

Nachdem sich Vorarlbergs Gesangsvereine nach dem für Viele „schmerzlich" verlorenen Zweiten Weltkrieg vom „treudeutschen Gesang" wohl zwangsweise etwas distanziert hatten, besann man sich in Vorarlberg, ganz im Sinne der nun wieder erlangten politischen Eigenständigkeit (Dezember 1945), einer diesmal kulturellen „Vorarlberger" Eigenart: Von Hannes Grabher stammt obige Kapitelüberschrift. Das „Subere" galt auch für das Volkslied.

1954 entstand ein *„Arbeitsausschuß für das Volkslied in Vorarlberg"* und 1960 ein Archiv für das zwischenzeitlich rege gesammelte Material. (Bitsche 1964, 162-169) Diese Bestrebungen wurden vom Landesschulrat und von der Kulturabteilung am Amt der Vorarlberger Landesregierung unter Dr. Arnulf Benzer (1910-2009) vehement unterstützt, welche die sogenannten „Liederblätter" für die Jugend herausgab. (Schneider 1966, 119) Die Zeitschrift „Montfort", deren Herausgeber er war, widmete der Geschichte des Volksliedes 1964 gar einen eigenen Band, und der verdienstvolle Bregenzerwälder Liederforscher Josef Bitsche (1900-1974) veröffentlichte 1968 einen Liederkatalog mit 1.942 Nummern. Diese Bestrebungen besaßen jedoch keine große öffentliche Breitenwirkung. Was das Volkslied betraf, meinte Josef Bitsche 1968: *„Auf die Gegenwart kann leider kein Loblied angestimmt werden. Die Schallplatte (...) hat im Hinblick auf die Geschmacksverbildung ganze Arbeit geleistet."* (Bitsche 1968, IX)

Ähnliche Klagen vernahm man auch 1977 auf einer „volksmusikalischen Forschungsexkursion", organisiert vom „Vorarlberger Volksliedwerk". Dennoch stieß man in Vorarlberg auf *„lebendiges Singgut"*. Lieder auf Alemannisch waren jedoch die Minderheit, dagegen waren „Tiroler Lieder" weit verbreitet: *„Mei Häuserl steht drobn am Roan."* Und gar auf „Bürgerdialekt", auf „Ganahladeutsch", stoßen wir: *„Hab is oft schon ghört."* (Haid 1983, 83-109)

Jetzt halfen auch die Sängerbünde nach. So besannen sie sich seit den 70er-Jahren der Mundart im Chorlied, worüber es eigene Seminare und Symposien gab, deren Resultate den Mitgliedern der Gesangsvereine mitgeteilt wurden. Ganz in diesem Sinne traten die SängerInnen nun auch in „Volkstracht“ und wie in Feldkirch 1981 auch im nicht gerade alemannischen „Diandl“ auf. (Brändle 1987, 30-33)

Was nun wirklich authentisches „indigenes Liedgut“ war, wurde erst im Jahr 1980 entschieden, als das „Vorarlberger Liederbuch“ veröffentlicht wurde. Es unterschied sich von den Liederbüchern der anderen Bundesländer, *„weil darin keine allgemeinen Volkslieder und keine Lieder aus anderen Bundesländern aufgenommen wurden. Das Vorarlberger Liederbuch ist somit in seinem Grundcharakter ein alemannisches Liederbuch“.* (Schneider 1984, 93 f) Aus dem Bestand des Vorarlberger Volksliedarchives konnte die beachtliche Zahl von 261 Mundartgesängen mit Text und Melodie zusammengetragen werden. Es fällt auf, dass sich mit 37 % die meisten den Themen „Scherz und Spott, Spiel und Tanz“ widmen, gefolgt mit 17 % „Heimat und Abschied, Haus und Hof“, und an dritter Stelle steht mit 8 % „Sitte und Brauchtum“. Es ist offensichtlich, dass die „Volkslieder“ keinen gesellschaftskritischen Charakter aufwiesen, die tradierte „Heimat“ verherrlichten und der sorglosen Unterhaltung dienten. (Vorarlberger Volksliederwerk 1980)

Welch ein Gegensatz zu der im Jahr der Herausgabe beginnenden gesellschaftskritischen Protestmundart! Aus dem „Nichts“ traten junge und nicht den etablierten Institutionen verpflichtete Sänger auf, die mit den Namen wie Michael Köhlmeier und Reinhold Bilgeri verknüpft sind. Sie waren freilich nach 1945 nicht die Ersten, die Mundartlieder sangen. In den 50er-Jahren gab es reichhaltige Mundartliedschöpfungen, die sich jedoch auf politisch „berechenbare“ Mundartdichter wie Gebhard Wölfle, Armin Diem, Josef Feurstein, Kaspar Felder, Klara Schwendinger, Anna Linder-Knecht und Hannes Grabher stützten. Viele ihrer Lieder wurden von dem seit Kriegsende aus Dresden stammenden Georg Hering-Marsal vertont. (Schneider 1967, 346) Jedoch - die Herzen und kulturpolitischen Vorstellungen einer Nachkriegsjugend konnten sie kaum mehr gewinnen.

Neue erfreuliche und bisher unbekannte Ansätze zur Volksliedforschung zeigt das Frauenmuseum Hittisau. Die Musikethnologin Evelyn Fink-Mennel ist Autorin von „Musikgeschichten von gestern bis heute: *„Wib*

ischt Ma. Ma ischt Wib" erschienen 2012. Sie untersucht Geschlechterrollen, gesellschaftliche und politische Veränderungen im Spiegel der Musik im ländlichen Raum des Bregenzerwaldes. (Fink-Mennel 2912) Aus dem Bregenzerwald stammt auch der Versuch des Bezirkskapellmeisters Wolfgang Bilgeri, das Bregenzerwälder Liedgut zu verarbeiten und „in die heutige Zeit zu führen". Er startete das Musikprojekt „Urig, Uhrig", in welchem es um den Wandel von Volksliedern geht, und das Besondere – „gesehen mit den Augen eines türkischen Komponisten". (Thurner 2010, 62 f)
An diesen Beispielen wird offensichtlich, dass der gesamte Bereich Mundart aus der Sicht „Auswärtiger" und unter Aspekten der Psychologie, Soziologie und Mentalitätsgeschichte eines kulturellen Kollektivs, nämlich „der Vorarlberger", noch kaum untersucht worden ist.

„Singa wia dr Schnabl gwachsa ischt"

Die ORF-Reform des Jahres 1966 und die eigenen Landesstudios führten zu ihrer dauerhaften Aufwertung und Selbstständigkeit der Berichterstattung. Die nun moderne Infrastruktur bot Musikern, Sängern, Komponisten, Literaten und Hörspielmachern in Vorarlberg Entfaltungsmöglichkeiten und schuf auch eine produktive Szene. In den 70er-Jahren wurde offensichtlich, dass der ORF ein kritisches Korrektiv zu den bislang dominanten konservativen Printmedien, vor allem zu den „Vorarlberger Nachrichten", war. (Schall 2007, 97)

Obwohl es in den 60er-Jahren einige tolerierte Rock-Bands gab, war die Welt im „Ländle" noch in Ordnung, und wie Peter Füßl es ausdrückt, *„durfte die christlich-abendländische Tradition zwischen Arlberg und Bodensee nicht ins Wanken geraten"*. (Füßl 2005, 28) Die unbeabsichtigte Wende brachte die erste und große öffentliche musikalische Manifestation der Flower-Power-Bewegung in Vorarlberg unter dem Namen „Flint" im Jahr 1970 bei Götzis in Anwesenheit von tausend Jugendlichen. In Mundart wurde auf dieser „Szene" aber noch nicht gesungen, dennoch oder gerade deswegen war es ein „Mega-Event". (Hagen 2007, 78-82)

Nach dem österreichweit Aufsehen erregenden Twist-Verbot in Vorarlberg im Jahr 1962 kam es einer kleinen Sensation gleich, als 1977 das Kabarett-Musik- Duo Reinhard Bilgeri und Michael Köhlmeier das Lied *„Oho Vorarlberg, bischt zwar als Land ein Zwerg (...)"* ausstrahlen durften – ein Erfolg in ganz Österreich und offensichtlich eine Parodie auf die ehrwürdige Landeshymne; ganz zu schweigen von deren „schlüpfrigem" „Strumpfbandgürtelblues", der manch feste Moralvorstellungen „gediegener Morarlberger" mit Entsetzen über den Haufen warf. Die Lieder und Komponisten waren mutig, da solche „kulturellen Abweichungen" nach damaligem Landesgesetz durchaus gerichtlich geahndet werden konnten. Weitere Angriffe auf liebgewonnene Klischees folgten. (Matt uam,. 2007, 98-101)

Die einmal geweckten Geister ließen sich nicht mehr beruhigen und zähmen. In diese Spuren aus dem Rheintal trat Ende der 70er-Jahre im Bregenzerwald die Musikgruppe „Stemmeisen & Zündschnur" unter dem „Mastermind" Ulli Troy als Komponist und Texter. Auf wälderisch boten sie eine Mischung aus Besinnlich-Melancholischem, versehen mit ironischen Seitenhieben auf die Gesellschaft auch außerhalb ihres Tales. Dahinter standen durchaus pädagogische Überlegungen mit dem Versuch, dazu *„beizutragen, dass Kinder merken, dass Neudeutsch nicht unbedingt der alteingesessene heimische Dialekt ist"*. (Gasperi 2008, 64 f und Füßl 2006, 26 f) War es im „Wald" mittlerweile schon so weit gekommen?
Aber noch eine Persönlichkeit trat auf die musikalische und politische Bühne, die bis in die Gegenwart wirksam ist. Es war der AHS-Lehrer in Germanistik und Musikerziehung Ulrich Gabriel (*1947). Er erregte Aufmerksamkeit als Textdichter für die Rankweiler „Wühlmäuse", 1980 als Mitbegründer und Obmann des Dornbirner Kulturzentrums „Spielboden", und 1984 gründete er den heute noch aktiven Verlag „Unartproduktion" mit seinen diversen kulturellen Aktivitäten. Der Mundart galten seine Kinderlieder und die frühe Musikkassette des Jahres 1986 „Vorallemberg" mit Mundart-Liedern und Texten. Das Mundartlied- und gedicht hat es ihm bis heute angetan: Im Jahr 2013 veranstaltete er beispielsweise gemeinsam mit dem Dichter Adolf Vallaster, einem kritischen „Mundarturgestein" aus den 70er-Jahren und

mit lokalen Veranstaltern, 19 Mundartveranstaltungen unter dem Titel „mundartMai".

Ebenfalls aus Dornbirn stammt Günther Sohm - wie Ulrich Gabriel mit seinen satirischen und sarkastischen Liedern gesellschaftspolitisch engagiert. (Lutz 1989, 19. Schon Anfang der 80er-Jahre trat er auf dem „Spielboden" auf und hinterfragte „die Heimat", in der Zeitschrift „Kultur" widmete er sich in einem Gedicht gar der Prostitution in Vorarlberg – *„Blöß a Hur":* Was sittsame BürgerInnen nur hinter geschlossenen Fensterläden zu denken wagten, darüber berichtete Sohm recht pragmatisch: *„Wo viel Geald und Sperma flüßt, vrgoht a Nacht oft schneall. Wenn se ihre Schenkl schlüßt, wird's langsam wieder heall."* (In: Kultur 7-1990) Wer außerdem wissen wollte, was soziologisch eine *„ghörige Familie"* in Vorarlberg war, erfuhr dies aus Sohms erster CD aus dem Jahr 1992. (Bertel 2010, 48 f)

Vorarlberger Mundart kam Ende des 20. Jhs. aber auch in Form von sogenannten „Schlagern" zu überregionaler und gar europäischer Bekanntheit. Im Jahr 1980 spielte der Montafoner Gustl Grabher sein „Dr alt Lalli" (gutmütiger bzw. naiver Mann) als Single ein - in kürzester Zeit vergriffen. Ein Titel, der in vielen europäischen Radiostationen gespielt wurde: Ging es doch um das Aufflammen erotischen Begehrens eines verheirateten Mannes im Anblick weiblicher Jugendreize und seiner Überlegung: „... alls grad liga lo!" (Alles gerade hinter sich lassen, auch seine Ehe). Und dann trat der gebürtige und blinde Dornbirner George Nussbaumer ins Rampenlicht, als er 1996 auf dem „Eurovisions Song Contest" mit dem Lied *„Weil 's dr guat got"* auftrat und den 10. Platz belegte.

Bilgeri und Köhlmeier hatten eine Mundart-Musiklawine ausgelöst, die zahlreiche Nachfolger fand, wie etwa Zündschnur und Stemmeisen, FF, Darwin, Krauthobel, Schellinski, Harald Häusle, Peter & Friends, Wildwäxl, Kanape, da Rudi und Alldra, nur um einige zu nennen. Die meisten der „seriösen" Mundartbands haben ein Hauptziel, wie es etwa „Alldra" formuliert: *„Wir wollen kein Loblied auf Vorarlberg singen (...) wir sind wie Don Quijote und kämpfen für ein Gegengewicht zum*

Klischee im Ländle." Und dieses versteht sich zum „volkstümlichen Alpen-Patriotismus-Kitsch". (Ionian 2011, 62 f)

Von vielen nicht für möglich gehalten, ließ der Quell junger Mundartmusiker nicht nach. Dazu bei trug wesentlich der ORF Vorarlberg mit seinem Moderator und Musiker Guntram Pfluger. Auf seine Initiative geht das heute sprichwörtliche MundArtpop- Festival „Singa wia dr Schnabl gwachsa ischt" zurück, im Jahr 2002 erstmals in Feldkirch aufgeführt. 20 Gruppen hatten sich angemeldet, und beim Finale waren 4000 Personen zugegen. (Matt uam. 2007, 162-165). Und im Sender Ö 2, moderiert von Pfluger, „groovt`s im Ländle" wie noch nie - auch heute noch.

Der letzte Höhepunkt Vorarlberger Mundartmusik - ein „Kulthit, den keiner versteht", zumindest nicht in Innerösterreich, - schildert im Jahr 2010 die triste alpine Verkehrssituation *„Vo Mello bis ge Schoppernau"* und ihre Folgen. Unter den Austria Top war die rustikale Melodie von Platz 62 auf Platz 2 gekommen, Urheber - der Bregenzerwälder „Holstuonamusigbandclub".

Was die Zukunft der zahlreichen jungen „Alemanno-Mundartmusiker" betrifft und wie mit ihnen umzugehen ist, so sollte man sich an das Ende des obigen Liedes halten: „Hey Vatr säg ou amol eats (etwas gegen den betrunkenen Heimkehrer). Jo lass a macha – er wird schö weassa was ar tut!" (Gabriel 2007, 63)

Literaturangaben

Allgäuer, Hubert: Vorarlberger Mundartwörterbuch. (= Schriften der Vorarlberger Landesbibliothek 17). 2 Bde., Feldkirch 2008

Arbeitsgemeinschaft der Musikerzieher Österreichs (Hg.): Volks- und Heimatlieder aus Vorarlberg. Wien 1950

Bachmann, Alfred: Aus dem Archiv des Vorarlberger Sängerbundes. Bregenz 1962

Bachmann, Alfred: Wie unser Volkslied „Uf da Berga" entstanden ist. In: Jahrbuch des Vorarlberger Landesmuseumsvereins 1967. S. 120-123

Bader, Peter: 30 Jahre George Nussbaumer. In: Kultur: 8-2011. S. 22-24
Baur, Gerhard W.: Mundartwörterbücher im alemannischen Sprachraum. In: Montfort 2-1975. S. 229-235
Bertel, Ingrid: Die neue CD von Günther Sohm. In: Kultur 10-2009
Bitsche, Josef: Der Liederschatz der Vorarlberger. Lustenau 1969
Bohle, Albert: Mundart und Hochsprache. In: Eberle, Albert / Hansen, Rudolf: Von heut` und ehedem. Lesebuch für die Oberstufe der Vorarlberger Volksschulen 6. bis 8. Schulstufe. Bregenz 1953. S. 146 f
Brändle, Kurt: Ein Rückblick auf 125 Jahre Vorarlberger Sängerbund – ein Ausblick auf die Zukunft. Dornbirn 1987
Bundschuh, Werner: Mentalität, Identität, Integration. In: Mathis, Franz / Weber, Wolfgang (Hg.): Vorarlberg. Zwischen Fußach und Flint. Alemannentum und Weltoffenheit. Wien 2000. S. 201-219
Christoph, Horst: Festspiele – Randspiele. Wille zur konstruktiven Veränderung. In: Vorarlberg, Vierteljahreszeitschrift 3-1972. S. 13
Der Junge Vorarlberger: Vereins- und Jugend-Liederbuch. Ca. 1930
Dönz, Manfred: Spröch und Sprröchli osm Muntafu. Schruns 1996
Dönz, Manfred: Muntafuner Wärter, Spröch und Spröchli. (= Montafoner Schriftenreihe 4). Schruns 2001
Ebenhoch, Ulrike / Dünser, Christof: Mundartbedingte Fehler Vorarlberger Schüler am Beispiel von Götzis. In: Kulturinformationen, Vorarlberger Oberland 2-1983. S. 64-74
Eberle, Albert / Hansen, Rudolf: Heimat und Vaterland. Lesebuch für die Mittelstufe der Vorarlberger Volksschulen 4. und 5. Schulstufe. Bregenz 1953
Feßler, Klaus: Neue Mundartdichtung aus der Kummenbergregion. In: Kultur 1-1989. S 24 f
Festschrift zum Vorarlberger Landessängertag 1929 zur Fünfzigjahrfeier des Bludenzer Liederkranzes. Feierabend, 23. Folge 1929
Fink, Mennel Evelyn: Wib ischt Ma. Ma ischt Wib. Musikgeschichten von gestern bis heute. Andelsbuch 2012
Füßl, Peter: 50 Jahre Rock – die 60er mit Gamblers & Co. In: Kultur 4-2005. S. 28 f
Füßl, Peter: Stemmeisen & Zündschnur starten neu. In: Kulltur 9-2006. S. 26 f

Gabriel, Eugen: Der Vorarlberger Sprachatlas mit Einschluß des Fürstentums Liechtenstein. In: Montfort 1-1972. S. 159-240

Gabriel, Eugen: Der Vorarlberger Sprachatlas. In: Montfort 2-1975. S. 151-167

Gabriel, Ulrich: Holstuonar musigband-club: QUERSCHLAGER. In: Kultur 5-2007. S. 63

Gasperi, Walter: „Dia sibt" – Stemmeisen & Zündschnur. In: Kultur 8-2008. S 64 f

Gassner, Otmar: Dialekt und Schule. Schüler schreiben Mundartgedichte. In: Vierteljahresschrift der Rheticus-Gesellschaft 3-1992. S. 121-138

Haffner, Leo: Kultur und Religion als Machtfaktor. Ein Beitrag zur Ideologiegeschichte Vorarlbergs. In: Mathis, Franz / Weber, Wolfgang (Hg.): Vorarlberg. Zwischen Fußach und Flint. Alemannentum und Weltoffenheit. Wien 2000. S. 346-408

Haid, Gerlinde: Zum gegenwärtigen Volksgesang in Vorarlberg. In: Deutsch, Walter und Schneider, Erich (Hg.): Beiträge zur Volksmusik in Vorarlberg und im Bodenseeraum. Schriften zur Volksmusik 7. Wien 1983. S. 83-110

Helbok, Adolf: Volkskunde Vorarlbergs. =Heimatkunde von Vorarlberg 8. Leipzig 1927

Internationale Arbeitstage für Mundartliteratur und internationales Dialektinstitut (Hg.): Dialog im Dialekt. Ergebnisse der ersten internationalen Arbeitstagung für Mundartliteratur vom 4. - 8. September 1974 in Obergurgl. Wien 1976. S. 57-63

Ionian, Peter: Man könnte es Liedermacherei nennen, wenn man sich traut – „Alldra" präsentieren. In: Kultur 9-2011. S. 62 f

Jutz, Leo: Die mundartlichen Verhältnisse. In: Ilg, Karl (Hg.): Landes- und Volkskunde Vorarlbergs. Innsbruck 1961. S. 101-133

Kuhn, Markus: Sprechen Sie Vorarlbergerisch? Ein Sprachführer für Einheimische und Zugereiste. Wien 2004

Liederheft der Vorarlberger Studenten. Bregenz 1919

Linder, Heiner: Mundarttexte. Eine Auswahl aus verschiedenen Programmen („Wühlmäuse"). Schriften der Rheticus-Gesellschaft 8. Rankweil 1980

Lingenhöle, Walter: Geschichte der Vorarlberger Mundartdichtung. In: Jahrbuch des Vorarlberger Museumsvereins. Bregenz 1955. S. 132-152

Lingenhöle, Walter / Wirthensohn, Ernst: Muettersproch. Mundartdichtung des 19. Jahrhunderts aus Vorarlberg. Bregenz 1952

Lutz, Edith und Klaus (Hg.): O Hoamatle! – O Hoamatle? Gedichte in Vorarlberger Mundart 1955-1985. (= Mundart in Vorarlberg). Hg.: Franz-Michael-Felder-Verein. Bd. 1. Bregenz 1985

Lutz, Klaus: Vorarlberger Mundartdichtung heute – Eine Bestandsaufnahme. In: Kultur 3-1989. S. 18 f

Matt, Werner / Rabitsch, Roman / Rhomberg, Martin (Hg.): 50 Jahre Rock. Die Popularmusik in Vorarlberg. Dornbirn 2007

Müller, Hannes: Eine Initiative der Rheticus-Gesellschaft für die Pflege der Mundart. In: Kulturinformationen, Vorarlberger Oberland 2-1983. S. 61-63

Perathoner, Viktor: Über den Vocalismus einiger Mundarten Vorarlbergs. Innsbruck 1883

Pommer, Helmuth: Das deutsche Volkslied und seine Pflege in unserer Heimat. In: Heimat 1/3-1920. S. 65-67

Pommer, Helmuth: Wie ich zum Vorarlberger Volkslied kam. In: Montfort 2- 1964. S. 67-73

Pommer, Helmuth: Das Volkslied in Vorarlberg. In: Heimat 8-1933. S. 121-125

Rheticus-Gesellschaft und Internationale Bludescher Mund Art Literatur Werkstatt (Hg.): Internationale Mundart-Brücken. Erste Internationale Bludescher Mund Art Literatur Werkstatt, Oktober 2005. Rheticus 2-2007,

Rheticus-Gesellschaft und Internationale Bludescher Mund Art Literatur Werkstatt (Hg.): Spuren über die Grenzen. Zweite Internationale Bludescher Mund Art Literatur Werkstatt, Oktober 2007. Rheticus 1-2009,

Rheticus-Gesellschaft und Internationale Bludescher Mund Art Literatur Werkstatt (Hg.): Fenster zum Nachbarn. Dritte Internationale Bludescher Mund Art Literatur Werkstatt, Oktober 2009. Rheticus 2011, Schriftenreihe 53

Ruoff, Arno: Das Tonarchiv der Mundarten Vorarlbergs. In: Montfort 1-1993. S. 21-32

Sander, Hermann: Dichterstimmen aus Vorarlberg. Innsbruck 1895

Schall, Karl: Feuersteine. Jugendprotest und kultureller Aufbruch in Vorarlberg nach 1970. Bregenz 2007

Schallert, Oliver: Syntax des Vorarlberger Alemannischen: Ergebnisse eines Forschungsprojektes. In: Montfort 1-2010. S. 35-67

Schneider, Erich: Helmuth Pommer und die Volksliedforschung in Vorarlberg. In: Jahrbuch des Vorarlberger Landesmuseumsvereins 1966. S. 114-121

Schneider, Erich: Musikgeschichte (in Vorarlberg). In: Ilg, Karl (Hg.): Landes- und Volkskunde Bd. 4. Innsbruck 1967. S. 305-358

Schneider, Erich: Das Vorarlberger Volksliedarchiv, Umfang und Bedeutung. In: Montfort 3-1976. S. 221-224

Schneider, Erich: Die geschichtlichen, kulturellen und wirtschaftlichen Voraussetzungen der Volksmusik Vorarlbergs. In: Deutsch, Walter und Schneider, Erich (Hg.): Beiträge zur Volksmusik in Vorarlberg und im Bodenseeraum. Schriften zur Volksmusik 7. Wien 1983. S. 13-31

Schneider, Erich: Das Vorarlberger Volksliedarchiv. In: Jahrbuch Vorarlberger Landesmuseumsverein 1984. S. 91-98

Schneider, Erich: Volksmusik im Bregenzerwald im Spiegel des 19. Jahrhunderts. In: Bregenzerwald-Heft 1984. S. 31-41

Schneider, Erich: Elmar Vonbanks Liederheft – ein Dokument aus dem Jahr 1940. In: Jahrbuch des Vorarlberger Landesmuseumsvereins 1991. S. 201-205

Schneider, Erich: Vorarlbergs volkstümliches Liedgut. In: Vorarlberger Volkskalender 1992. S. 54-56

Schneider, Erich: Josef Bitsche – ein Volksliedersammler und –forscher aus dem Bregenzerwald. In: Bregenzerwald-Heft 1998. S. 107-111

Schwarz, Artur: Die Mundartdichtung. In: Schwarz, Artur (Hg.): Heimatkunde von Vorarlberg. Bregenz 1949. S. 418-431

Schwarz, Artur (Hg.): In der Sprache der Heimat. Mundartgedichte Vorarlbergs von einst und jetzt. (= Vorarlberger Schrifttum IV). Bregenz 1956

Schwarz Artur: Mundartaufnahmen im Land Vorarlberg. In: Montfort 1-1957. S. 112-116

Schwarz, Artur: Leo Jutz. „Das Vorarlbergische Wörterbuch“. In: Montfort 1-1965. S. 73-76

Schwarz, Artur: Redensarten und Spruchweisheiten. In: Vorarlberg – unser Land. Jungbürgerbuch. Bregenz 1978. S. 344-359

Schwarz, Artur: Die Mundartdichtung in Vorarlberg. (= Mitteilungen der Mundartfreunde Österreichs). 33. Jg. 1979. Wien 1981

Schwarz, Artur: Vorarlberger Sprüch. Bregenz 1983

Strasser, Peter: Ein Sohn des Tales. Franz Josef Vonbun als Sammler und Editor Vorarlberger Volkserzählung. (= Beiträge zur Europäischen Ethnologie und Folklore). Reihe A: Texte und Untersuchungen, Bd. 2. Frankfurt am Main 1993

Strohmann, Dirk: Literatur in Vorarlberg im 19. Jahrhundert. (= Schriften der Vorarlberger Landesbibliothek 21). Graz 2010

Tiefenthaler, Eberhard: Vorarlberger Mundartforschung – Auswahl-bibliographie. In: Kulturinformationen, Vorarlberger Oberland 2 - 1983. S. 78-84

Thurner, Silvia: Wolfgang Bilgeris Musikprojekt „Urig, Uhrig" – Volkslied im Wandel der Zeiten. In: Kultur 8-2010. S. 62 f

Thurnher, Eugen: Redensart, Volksschauspiel und Sagengut. In: Ilg, Karl (Hg.): Landes- und Volkskunde Vorarlbergs, Bd. 3. Innsbruck 1961. S. 142-146

Thurnher, Eugen: Sprache und Mundart. In: Ilg, Karl (Hg.): Landes- und Volkskunde Vorarlbergs, Bd. 4. Innsbruck 1967. S. 280-289

Vallaster, Adolf: Ma künt o schtill si. Gedichte in Mäderer Mundart. Bregenz 1987

Vorarlberger Volksliedwerk (Hg.): Vorarlberger Liederbuch. Bregenz 1980

Vögel, Stefan / Lerch Klaus: Grüß Gott in Voradelberg. Dornbirn 1992

Vögel, Stefan: Grüß Gott in Voradelberg. „Von der Wiege bis zur Bahre". Dornbirn 1999

Vorarlberger Sängerbund (Hg.): Vorarlberger Landessängertag in Feldkirch 1930. Feldkirch 1930

Vorarlberger Sängerbund (Hg.): Aus dem Archiv des Vorarlberger Sängerbundes. Bregenz 1962

Vorarlberger Autorenverband, Arbeitsgruppe Mundart (Hg.): Mundartreihe. Vorarlberger Mundartautoren im Wolfhaus - Nenzing. Rheticus, Vierteljahresschrift der Rheticus-Gesellschaft. 3/4 - 2002

Wäger-Häusle, Elisabeth: I dr mitti s`salz. In: Kultur, Vierteljahreszeitschrift 4 -1972. S. 29-32
Wanner, Gerhard: Kultur. In: Landespolitik 1964-1987. Herbert, Kessler: Arbeit für Vorarlberg. Dornbirn 1995. S. 455-462
Wanner, Gerhard: Jugend. Landespolitik 1964-1987. Herbert, Kessler: Arbeit für Vorarlberg. Dornbirn 1995. S. 441-445
Wanner, Gerhard: Leo Jutz. In: Frastanz. Frastanz 1997. S. 148 f
Wehinger, Herbert: Die Lebensfrage für die Mundartdichtung liegt in der Abgrenzung. In: Montfort 2-1980. S. 142-147
Wehinger, Herbert: „Wer hät denkt ..." Mundart zur Zeit des Anschlusses (1938). In: Vorarlberg 1938. Feldkirch 1988. S. 149-157

Univ.-Prof. Mag. Dr. Gerhard Wanner

Gerlinde Allmayer – Niedernsill/A

Geboren 1958, verheiratet, drei Kinder, zwei Enkelkinder
Lebt in Niedernsill im Salzburger Land

Gerlinde Allmayer ist Autorin von Gedichten, Kurzgeschichten und Kinderbüchern, Mitautorin Kalender „Inner Gebirg" (1998-2000), „achtstimmig" (2001), FROST: relaunched (2006), „Der Pinzgau is a Gfüh"(2011)

Bücher: „Aus dem Tal" (2009), „Himmel über der Nase" (2010), „Kara Meli"(2012)
Weitere Beiträge in Anthologie „Salzburger Dialektmosaik", im Salzburger Bauernkalender, in Literaturzeitschriften, Zeitungen, Rundfunksendungen und auf Tonträgern

Laufende kulturelle Arbeit: Tauriska Mundartarchiv, Kulturverein Samerstall Niedernsill, Arbeitskreis regionale Sprache und Literatur im Salzburger Bildungswerk, Internationales Dialekt-Institut, Leiterin von Schreibwerkstätten für Schüler und Erwachsene

Niedernsill in Salzburg/A – Blick von der Sonnseite auf die Schattseite

Üwadrüssig

Auf da Wäschschnur hängan Spiwettn,
voi mit Muggn, üwa und üwa voi.
D Spinn lassts trickna.
Mit da Zeit wean de gringa Flinsal
va da Luft gfressn.
D Spinn schaut zua.

Haiku

Noucht schnauft scho Eis
üwa Grous und Balkonbliah
A da Friah lacht d'Sunn

Überdrüssig

Auf der Wäscheleine hängen Spinnweben,
voll mit Mücken, über und über voll.
Die Spinne lässt sie trocknen.
Mit der Zeit werden die
leichten Flinserl von der
Luft gefressen.
Die Spinne schaut zu.

Haiku

Still sterben Blumen
im Eisatem der Herbstnacht
Die Sonne geht auf

Ausn Liacht

Geh, hüf ma a wenk und hoit ma den Nagl, nand tua i mi bein Einschlagn leichter.
Na! Nit so. So siech i nix. Hoit hoit an Nagl va da onnan Seit! So siech i ah nix. Du stehst ma vi s Liacht. Siehgst nit, daß i nix siech? Du muaßt di so hi stön, daß dei Schadn an Nagl nit trifft. Is denn des so schwaa?
Wonn i kunnt, dat i ma eh oiss selba. Owa hoitn und treffn geht hoit nit. Meina Söi, wia stöst di denn u? Z bled zan Höifn. Schau, dou is da Naglkopf, den wous i treffn muaß! Und dou muaß s hell sei. Du muaßt weida ummi, nacha kimbs Liacht genau dou her. Nit auslassn! Ja bisd deppert? Schmeißt oiss hi und gehst?

Guat, laaf na davo, i wea ma scho selber z helfn wissn. Wa ja glacht, wonn i dös nit schaffat. Und wonn i an Hamma nebmvi a d Wand eichehau. So, ja, so miassads geh.

Ja, wous is denn des? Vaflixt! Is denn heit oiss gegn mi? Hiaz siech i wieda nix. Wo kimb denn hiatz dea Schadn her? I bin doh alloa?

Ausn Liacht (Aus dem Licht)

Geh, hilf mir ein wenig und halte den Nagel, dann kann ich ihn leichter einschlagen.
Nein! Nicht so. So sehe ich nichts. Halte halt den Nagel von der andern Seite! So sehe ich auch nichts. Du stehst vor dem Licht. Siehst du nicht, dass ich nichts sehe? Du musst aus dem Licht gehen und dich so hinstellen, dass dein Schatten den Nagel nicht trifft. Ist denn das so schwer? Wenn ich könnte, würde ich eh alles selber machen. Aber halten und treffen geht halt nicht.
Bei meiner Seele, wie stellst du dich denn an? Zu blöd zum Helfen. Schau, dort ist der Nagelkopf, den ich treffen muss! Und dort muss es hell sein. Du musst weiter hinüber, dann kommt das Licht genau da her. Nicht loslassen! Bist du verrückt geworden? Schmeißt alles hin und gehst?
Gut, lauf ruhig davon, ich werde mir schon selber zu helfen wissen. Wäre ja gelacht, wenn ich das nicht schaffen könnte. Und wenn ich den Hammer neben dem Nagel in die Wand haue.
So, ja, so müsste es gehen.
Und was ist das jetzt? Verflixt! Ist denn heute alles gegen mich? Jetzt sehe ich wieder nichts.
Wo kommt jetzt der Schatten her? Ich bin doch allein?

Da Schadn

Dr. Wörther, Sprachforscher, und Steff Hinteregginger, Bewohner eines Gebirgstales, unterhalten sich.

Steff: Um wous gehts heit, Herr Dokta?

Dr. W.: Um das Wort „Schatten". Ich möchte wissen, wie Schatten in Ihrem Tal ausgesprochen wird.

Steff: Schadn.

Dr. W: Schadn? Wie Schaden?

Steff: Na, nit wia Schaden. Dea hoaßt ba ins Schoudn.

Dr. W.: Schoudn? Wenn Ihnen etwas schadet, haben Sie einen Schoudn?

Steff: Herr Dokta, Se sand a Blitzgneißa!

Dr. W: Ein was?

Steff: Ja wissn S, des is oana, dem schnöi a Liacht aufgeht.

Der Schatten

Dr. Wortschatz, Sprachforscher, und Steff Hinteregginger, Bewohner eines Gebirgstales unterhalten sich.

Steff: Worum geht es heute, Herr Doktor?

Dr. W.: Um das Wort „Schatten“. Ich möchte wissen, wie Schatten in Ihrem Tal ausgesprochen wird.

Steff: Schadn.

Dr. W: Schadn? Wie Schaden?

Steff: Nein, nicht wie Schaden. Das heißt bei uns Schoudn.

Dr. W.: Schoudn? Wenn Ihnen etwas schadet, haben Sie einen Schoudn?

Steff: Herr Doktor, Sie sind ein Blitzgneißer!

Dr.W.: Ein was?

Steff: Blitzgneißer ist einer, dem schnell ein Licht aufgeht.

Dr. W: Also einer, den ein Geistesblitz trifft? Nun ja, so schwierig ist es mit dem Schatten doch nicht, wie ich gedacht habe. Schatten heißt Schadn, Schaden heißt Schoudn. Und ein schattiger Platz wird vermutlich „schadiger Platz“ heißen.

Steff: Des is nit oafach! Es is ja nit jeda Ploutz gleich. Im Summa findtst unta de Bam schadege Platzl und gfreist di drüwa. Wonnsd owa im Winta auf da Schoudseit ent dahoam bisd, houst a paar Monat an Schadn, üwa densd di gou nit gfreist.

Dr. W.: Stopp! Das verstehe ich jetzt nicht. Schoudseite? Heißt das Schadenseite?

Steff: Na, na! Dös hoaßt Schattseite. I woaß nit, warum koana Schadnseit sougg. Wa eh vü bessa, wonns hoaßat „Auf da Schadnseit is s oft schadeg“ as wia „Auf da Schoudseitn gibbs vü Schadn“. Dou kunnt ma ja moana, es wa a Schoudn, wonn ma auf da Schoudseit ent is, dawei kimb oan des glei im Winta vi. Im Summa is s aufn Abmd auf da Sunnseit herent schadega und oi schaun ummi auf d Schoudseitn, wei doscht d Abmdsunn oiss uleucht.

Dr. W: Also einer, den ein Geistesblitz trifft? Nun ja, so schwierig ist es mit dem Schatten doch nicht, wie ich gedacht habe. Schatten heißt Schaden, Schaden heißt Schoudn. Und ein schattiger Platz wird vermutlich „schadiger Platz“ heißen.

Steff: Gar nicht einfach! Es ist ja nicht jeder Platz gleich. Im Sommer findet man unter Bäumen schattige Plätze und freut sich darüber. Wenn man aber im Winter auf der Schattseite daheim ist, hat man ein paar Monate Schatten, über den man sich nicht freut.

Dr. W.: Stopp! Das verstehe ich jetzt nicht. Schattseite? Heißt das Schadenseite?

Steff: Nein, nein! Das heißt Schattenseite. Im Winter liegen durch die tiefstehende Sonne die Nordseiten der Berge im Schatten. Dort kommt oft monatelang kein Sonnenstrahl hin.

Anders ist es an den Sommerabenden. Da scheint die Sonne bis zum Untergehen auf die Nordhänge, während die Südhänge längst im Schatten liegen. Einfacher zu verstehen wäre wohl „Auf der Schattenseite ist es schattig“ als „Auf der Schoudseitn gibbs vü Schadn“.

Dr. W.: Du liebe Zeit! Ich glaube, ein Schadn hat sich in meinem Kopf ausgebreitet.
Ich verstehe nur noch Bahnhof.

Steff: A Schadn im Kopf hoaßt ba ins Douchschoudn, Herr Dokta. So a Schoudn is owa nit schlimm, weia d mehra Wei neamb auffoit.
Wonn owa a richtigs Douch an Schoudn hout, bisd arm dru. S Douch üwan Kopf is wichtega wia da Kopf ois Douch. Ah ja, Se vastehnd nua noh Bahnhof, drum soug i eahna hiatz, wo der is. Genau a da Mitt. Nit auf da Sunnseit und nit auf da Schoudseit. Owa da Zug is heit scho ougfouhn.

Dr. W.: Das macht gar nichts. Ich will nicht eher von hier weg, bevor mich ein Lichtstrahl der Erkenntnis über Schadn und Schoudn trifft.

Steff: Lichtstrahl der Erkenntnis? Hoffentlich houta an Blitzableiter, da Herr Dokta, sist kriagga tatsächlich no an Schoudn.

Dr. W.: Du liebe Zeit! Ich glaube, ein Schatten hat sich in meinem Kopf ausgebreitet.
Ich verstehe nur noch Bahnhof.

Steff: Ein Schatten im Kopf heißt bei uns Dachschaden, Herr Doktor. So ein Schaden ist aber nicht schlimm, weil er meistens niemandem auffällt. Wenn aber ein richtiges Dach einen Schaden hat, ist man arm dran. Das Dach überm Kopf ist wichtiger wie der Kopf als Dach. Ach ja, Sie verstehen nur noch Bahnhof, drum sag ich Ihnen jetzt, wo der ist. Genau in der Mitte. Nicht auf der Sonnseite und nicht auf der Schattseite. Der Zug ist aber heute schon abgefahren.

Dr. W.: Das macht gar nichts. Ich will so lange hier bleiben, bis mich ein Lichtstrahl der Erkenntnis über Schaden und Schatten trifft.

Steff: Lichtstrahl der Erkenntnis?
Hoffentlich hat er einen Blitzableiter, der Herr Doktor, sonst kriegt er tatsächlich noch einen *Schoudn*.

Joschi Anzinger – Linz/A

Jahrgang 1958, geboren und aufgewachsen
in Altlichtenberg bei Linz, OÖ, seit 1979 am Pöstlingberg lebend
Angestellter der Linz AG, verheiratet, zwei Kinder

Joschi Anzinger ist Mitglied der IG Autorinnen Autoren, der österreichischen Dialekt Autorinnen Autoren, der Grazer Autorinnen Autoren Versammlung; Vorstandsmitglied des Stelzhamerbundes, Mitglied der Gruppe »neue mundart«
Veröffentlichungen:
1996: "dialekt dialog" 1000 senku gedichte, gemeinsam mit Hans Kumpfmüller, Österreichische DialektautorenInnen, Wien
2000: „ghead und xeng" Gedichte in oö. Dialekt, Resistenz Verlag
2002: „du teil von mir" Lyrik aus dem Mühlviertel, Resistenz Verlag
2004: „ned mea und ned weniga" Dialektgedichte, Resistenz Verlag zuletzt die »Pöstlingberger Trilogie« mit »oadeiddi zwoadeiddi « 2005 »eisn en feia« 2006 und »gounz oda goaned« 2007, Edition Innsalz
2008: Arbeitsstipendium des BM für Unterricht und Kunst
2009: »s mühlviaddla nibelungenliad«
Hörbuch mit 4 CDs samt Lesebuch, Bibliothek der Provinz, Weitra
2010: Arbeitsstipendium des BM für Unterricht und Kunst
2010: »kopfstücke joschi anzinger« Künstlerportrait des OÖ Filmemachers Andrij Puluj aus Leonding
2011: »GRANIDD fausdd« Hörbuch mit 4 CD und Lesebuch, Bibliothek der Provinz, Weitra
2012: Mimus Bühne Waldhausen, »GRANIDD fausdd»
Dramatisierung und Regie: Franz Horcicka
2012 Vertonung und CD Aufnahme des Gedichtes „feiroumdd" (Feierabend) anläßlich eines Projekts der Musikschule Linz mit Margarete Posseger und Andreas Neubauer
2013 »GRANIDD fausdd» taö zwoa
Hörbuch mit 4 CD und Lesebuch, Bibliothek der Provinz, Weitra
2013 Arbeitsstipendium des Bundesministeriums für Unterricht und Kunst
Beiträge in Anthologien und Literaturzeitschriften: »die rampe« Kulturamt Oberösterreich; »Zwischenbilanz« Linzer Frühling; »Mostalgie« Landlpresse; »Meridiane« Bibliothek der Provinz; »ollahound duachanound« Stelzhamerbund; »Wenn der Rasen brennt« Edition Geschichte der Heimat
Textbeitrag »Tautropfen Tanzgedicht« für das Projekt »Das getanzte Gedicht« inszeniert von Walter Baco, aufgeführt vom Carousel Theater,

steirischer herbst 2004; »Meine Poesie« Nationalbibliothek des deutschsprachigen Gedichts, Band IV; Satiren und Kurzgeschichten im Internet auf www.joschi.at
In unregelmäßigen Intervallen Beiträge in Printmedien, Rundfunk und Fernsehen; zahlreiche Lesungen

Pöstlingberg in Linz – Oberösterreich/A

nochddfoadd

en mein liachdd
suach i zan liachdd

s liachdd vamog oiss
nedda i mog s liachdd
ned zwinga

waö undda deara loumbbm
schlofsdd du

nachtfahrt

in meinem licht
suche ich zum licht

das licht vermag alles
nur ich mag das licht
zu nichts zwingen

weil unter dieser lampe
schläfst du

liachdd und schoddn

dog fia dog schmeissn de machddign
eanari bluadign büda ausn zug da zeid

a vagifdda brunn
a zuagfreads heazz
a zrissns maö liegdd af da gossn
und de zidaradi wäd hoid se oiss wieda zrugg
wos ia da gierige mensch nehma wü

de joa schdengan schloungan
um des hoassi und des koidi
und des jungi und des oidi
um des reichi und des oami
und des lewadi und des gschdoami

de oan biddn – de oundan doungan
de oan jogn – de oundan foungan

licht und schatten

tag für tag werfen die mächtigen
ihre blutigen bilder aus dem zug der zeit

ein vergifteter brunnen
ein zugefrorenenes herz
ein zerrissenes maul liegt auf der gasse
und die zitterige welt holt sich wieder zurück
was ihr der gierige mensch nehmen will

die jahre stehen schlangen
um das heiße und das kalte
und das junge und das alte
um das reiche und das arme
und das lebendige und verstorbene

die einen bitten – die anderen danken
die einen jagen – die anderen fangen

da hausvaschdound

gäd ohne eignvaschdound
mochd gieari
schdoiz ohne hianvaschdound
mochd gräoskobbfad
wissen ohne sochvaschdound
mochd rechdhowarisch
freiheid en uvaschdound
mochd iwamiadi
freindlikeid ohne säbsdvaschdound
is oaschgraön
liab ohne heazvaschdound
mochd blind
glaubm ohne hausvaschdound
mochd fanaddisch

der hausverstand

geld ohne eigenverstand
macht gierig
stolz ohne hirnverstand
macht überheblich
wissen ohne sachverstand
macht rechthaberisch
freiheit im unverstand
macht übermütig
freundlichkeit ohne selbstverstand
ist arschkriechen
liebe ohne herzverstand
macht blind
glaube ohne hausverstand
macht fanatisch

maddini

da mou reidd af an woiggnschümö
iwan schwoazzn novembahümö
d lufdd is zach und schwaa und feichdd
und des ewige schdeangwöb leichdd
af a schdüggö meina wäd
und da windhund winsld - bäd

i geh hoamzua auf da gassn
gfrei mi schou afs heaz ausrasddn
und ban raubfoung raugdds schou aua
waö de ködn liegdd auf da laua
i siag liachdd duachs fensdda scheina
des ma deidd – hiaz kim schou eina

wiafli siagi s gachl schdeabm
rosn teich oiss liegdd en scheabm
d howagoas is lenxdd davou
drendd en keaschbam schreid a krou
rauhreif woxdd af fäd und wies
nedda s woaddn is ma gwies

martini

der mond reitet am wolkenschimmel
übern schwarzen novemberhimmel
die luft ist zäh und schwer und feucht
und das ewige stern`gewölb leucht`
auf ein stückchen meiner welt
und der windhund winselt – bellt

ich gehe heimwärts auf der gassen
freue mich schon auf`s herz ausrasten
und beim rauchfang rauchts heraus
weil die kälte kommt – o graus
ich seh` licht durchs fenster scheinen
deutet mir – komm zu den deinen

schwindlich seh`ich s gärtchen sterben
rosen, teich, all`s liegt in scherben
der weberknecht ist längst dahin
krähen schreien im kirschbaum drinn
rauhreif wächst auf feld und wies`
nur das warten ist ist mir g´wiss

künsddliche beleichddung

wos foischs wiad ned ealicha
a wounsddas af englisch soxdd

wos schiachs wiad ned schena
a ned wounsddas af schbanisch soxdd

wos oids wiad ned jinga
nedamoi wounsddas
af lodeinisch soxdd

wos bleds wiad ned gscheida
schou goaned wounsddas
en da mundoadd soxdd

künstliche beleuchtung

was falsches wird nicht ehrlicher
wenn du es auch auf englisch sagst

was häßliches wird nicht schöner
auch nicht, wenn du es auf spanisch sagst

was altes wird nicht jünger
nicht einmal wenn du es
auf lateinisch sagst

was dummes wird nicht gescheiter
schon gar nicht, wenn du es
in der mundart sagst

haiku

de zeid graöd afs lound
und da hümödroga groasdd
kimd – is – und vagehd

da reif sizdd am gros
a tog lobdd ma en hümö
iwas blaue dachl

woiggnsam am beag
heid mechdd i ned schdeam miassn
i schreib iwas lebm

a kozz wahmd ia fä
woadd af a maus oda zwoa
s is neamdd mea dahoan

haiku

die zeit kriecht an land
und der himmelträger kreist
kommt – ist – vergeht

der reif sitzt am gras
ein tag lobt mir den himmel
über das blaue dacherl

wolkensaum am berg
heute möchte ich nicht sterben müssen
ich schreib über das leben

eine katze wärmt ihr fell
wartet auf eine maus oder zwei
es ist niemand mehr daheim

Marián Hatala – Bratislava/SK

Geboren 1958, verheiratet, zwei Kinder, lebt in Bratislava
Er studierte Deutsch und Slowakisch an der Comenius Uni in Bratislava
Ehemaliger Chefredakteur der tschecho-slowakischen Wochenzeitschrift
MOSTY (Brücken), seit 2003 freischaffend als Dichter, Journalist
Übersetzer aus dem Deutschen ins Slowakische

Mitglied der Grazer Autorenversammlung

6 Gedichtbände:

** Meine Ereignisse, PmD München,1990*

** Stilleben mit nächtlichen Aufschreien*

** all meine trauer und andere Ausschreitungen*

** gedichtband marián hatala mit dem untertitel 41 gedichte*

** Blättern durch die Stille*

** Lebenslauf der Alltäglichkeiten*

** Seiltänzer, übertragen von Petr Skarlant, Akropolis Verlag, Prag 2004*

** Zum Greifen weit, in Übertragung von R. Kunze, E. Annuß und Autor, Lehner Verlag, Edition MILO, Wien 2006*

** Autorenbuch unter www.fixpoetry.com (Hamburg)*

3 Aphorismenbücher:

** Warum die Zwerge so schnell wachsen, Foart Verlag Bratislava 2006*

** Wenn du vorhast nachts Klavier zu spielen, Foart Verlag Bratislava 2007, in Slowakisch, 2008 auch in Deutsch*

** Im Land der überflüssigen Möglichkeiten, Foart Verlag, Bratislava 2009*

** Kurzweil, für kleinere Erwachsene und größere Kinder, Verlag Mladé letá, Bratislava (Ein Kinderbuch) 2011*

Buchübersetzungen ins Slowakische:

** Rolf Dieter Brinkmann, Manfred Chobot, Erich Fried, Reinhold Messner, Reiner Kunze, Ingo Schulze, Sabine Gruber, Gregor M. Lepka, Waltraud Seidlhofer*

Das Wahrzeichen von Bratislava/Slowakei – das Michaelistor in der Michaelisgasse

prípat

tu stál strom
v stínoch rát –
stínohrat

tu stál stín
hluboko
aš ke svojím koreňom

fčil ten strom leží
na zemi
ale stín
ten stójí
porát stójí
ve svojém nútri
plochý
aš k porisku

der fall

da stand ein baum
froh im schatten –
schattenfroh

da stand ein schatten
tief
bis zu seinen wurzeln

nun liegt der baum
auf dem boden
der schatten aber
steht
steht herum
in seinem inneren
flach
bis zum axtstiel

zápat slunka
(g fotografiji Roberta Häussera)

jakýsik muš
zňútra vymklý
stójí celý deň za oknem

a slunko
mu na prsa maluje
okený kríš
tagže to vypadá
jak keby ten muš
byl načerno preškrklý

ale večer je na múri oproti
videt otlaček
ešče bijúcého teplého srca
a pod ním nápis

LÚBÍM VÁS AJ KET STE

sonnenuntergang
(zur Fotografie von Robert Häusser)

irgendein mann
von innen ausgesperrt
steht den ganzen tag hinter dem fenster

und die sonne
malt auf seine brust
das fensterkreuz
sodaß es aussieht
als ob der mann
schwarz durchgestrichen wäre

doch am abend ist auf der mauer gegenüber
ein abdruck zu sehen
von einem noch schlagenden warmen herzen
und darunter die aufschrift

ICH LIEBE EUCH TROTZ EUCH

Anni Mathes – Bludesch/A

Jahrgang 1956, verheiratet, vier Kinder, sechs Enkelkinder
Dipl. Krankenschwester, dipl. Kinesiologin, Seminarleiterin
für Märchenseminare, Organisatorin der Internationalen
Bludescher Mund Art Literatur Werkstatt (seit 2005)

Mitautorin/Beiträge:
in mehreren Anthologien und Literaturzeitschriften
in Deutschland, Frankreich, Österreich und in der Schweiz

Mitglied:
Literatur Vorarlberg
Vorarlberger MundartautorInnen
Blumenegger Mundartautorinnen
Literaturkreis Klopfzeichen
Österreichische DialektautorInnen
Internationales Dialekt-Institut
Rheticus-Gesellschaft
Stelzhamerbund Linz

Veröffentlichungen:
„Läba und läba lô" (Eigenverlag) 1998
„Ohra-schlüüfr" Buch und CD (Eigenverlag) 2000
„Uufgweckt" Orf-Hörspiel, Regie: Augustin Jagg 2001
„Bludescher Dorflied" – Text und Melodie 2006
„Internationale Mundart-Brücken" (Rheticus) 2007
„Spuren über die Grenzen" (Rheticus) 2009
„grüscht" (Eigenverlag) 2010
„Fenster zum Nachbarn" (Rheticus) 2011

Einladungen:
Lesungen, Work-Shops und Rundfunkauftritte
in Deutschland, Frankreich, Österreich und der Schweiz

Auszeichnung:
Anerkennungspreis für moderne Lyrik 2000 (Ludwig Schwarz-Preis) in Höfen an der Enz/D;
Literatur-Stipendium des Landes Vorarlberg 2013

St. Nikolauskirche (Kloosa-Kirchle) – Bludesch in Vorarlberg/A

näschtwärme

allää oone dii
net oone wärme

doch
allää dr gedanka
as allää sii oone dii
mit mira frööd
wenn s rootkeelchen
a näscht baut
loot mii früüra

nestwärme

allein ohne dich
nicht ohne wärme

doch
allein der gedanke
an das alleinsein ohne dich
mit meiner freude
wenn das rotkehlchen
ein nest baut
lässt mich frieren

härbscht

lenger d nächt
kürzer d tääg

schtunda wo
rennan
i sibameilaschtifl

d wett gilt
am oogablick

an oogablick lang

d tääg sind am
hüüfawiis davoo grennt
erscht wonr aagfanga hot
da oogablick als gschenk säha
isch am memool a schtündle bliba

herbst

länger die nächte
kürzer die tage

stunden die
rennen
in siebenmeilenstiefeln

die wette gilt
dem augenblick

einen augenblick lang

die tage rannten ihm
haufenweise davon
erst als er begann
den augenblick als geschenk zu sehen
ist ihm manches stündchen geblieben

schatta

uufgwachsa
im schatta vo da andra

vrkümmrat
si vrlanga nooch nööche

hüt
a schwarzas schoof
schträäft üsre häll
gsellschaft blooß
am rand

und würft doch lange
schatta

schatten

aufgewachsen
im schatten der anderen

verkümmert
sein verlangen nach nähe

heute
ein schwarzes schaf
streift unsere helle
gesellschaft nur
am rand

und wirft doch lange
schatten

wee wundrats?

sin schatta gääschtrat
all no
vo land zu land

hetzt
all no
vo volk zu volk

vrdunklat d schprooch
all no

kä wundr
dass i viilna köpf
all no

kä liacht uufgoot

wen wundert es?

sein schatten geistert
noch immer
von land zu land

hetzt
noch immer
von volk zu volk

verdunkelt die sprache
noch immer

kein wunder
dass in vielen köpfen
noch immer

kein licht aufgeht

ghöörig

bim schaffa
bim suufa
bim faara

ghöörig gaas gee

faarand ab
mit sövl frönda
hot r grüaft
und hot am volk

ghöörig gaas gee

und dees
ischt scho amool
a heißas thema
gsii

gehörig

beim arbeiten
beim saufen
beim fahren

gehörig gas geben

fort mit ihnen
den vielen fremden
rief er
und hat dem volk

gehörig eingeheizt

und das
war schon einmal
ein heißes thema

gschändat

si hon sich a si
zuahi gmacht
aabaggrat

uufgrissa
mit geila zää

abschlääpft
i grooßa kärra

wunda gschlaga
gräba hintrloo

dia bulldoggr
wo im brägazrwaald
d landschaft
vrschandlat hon

geschändet

sie haben sich an sie
herangemacht
angebaggert

aufgerissen
mit geilen zähnen

abgeschleppt
in großen wägen

wunden geschlagen
gräben hinterlassen

diese bulldogger
die im bregenzerwald
die landschaft
verschandelt haben

kuchiteatr

a kline kuchi
nüü quadratmetr grooß
s kanapee durchghockat
mit ama huuch noschtalgii
tisch und schtüal abgnützt
an kaschta mit blinda gläsr
dr ferkr volla schlääg
d kind oo
s feeschtr in hoof
bringt wenig liacht i dunkle ecka
wäll alls im raama bliiba muaß

a büüne für s läba
all taag a neue vorschtellig
was für a teatr
wenn brättr d wält bedütand
wärand schtatischta an rand druckt
was zellt an hauptdarschtellr
wennr uf am häämwääg
vo da gassa
sine lachig larva vrlüürt
und us am schpiil ernscht würd

küchentheater

eine kleine küche
neun quadratmeter groß
das kanapee durchgesessen
mit einem hauch nostalgie
tisch und stühle abgenutzt
ein schrank mit blinden gläsern
das waschbecken voller schläge
die kinder auch
das fenster in den hof
bringt wenig licht in dunkle ecken
weil alles im rahmen bleiben muss

eine bühne für´s leben
jeden tag eine neue vorstellung
was für ein theater
wenn bretter die welt bedeuten
werden statisten an den rand gedrückt
was zählt ein hauptdarsteller
wenn er auf dem nachhauseweg
von den gassen
seine lächelnde maske verliert
und aus dem spiel ernst wird

schattaschpiilr

da frida vo dr poppa gschtöört
d kindrschtuba iigrenzt
uf a mindeschtmooß

blooß a schattaschpiil

wo gedanka särg baschtlat
und poppagliadr s liad
vom tood a di nackig wand
gwischprat hon

nacht für nacht
a schattaschpiil

blooß

schattabildr bliiband
henka

schattenspiele

den frieden der puppe gestört
die kinderstube eingegrenzt
auf ein mindestmaß

nur ein schattenspiel

als gedanken särge bastelten
und puppenglieder das lied
vom tod an die nackte wand
flüsterten

nacht für nacht
ein schattenspiel

nur

schattenbilder bleiben
hängen

vrwirrt

all taag
kemm d mama
uf bsuach

hot an aalte frau vrzellt
volla frööd

und ii
ho all taag
vrbärmscht ghoo
ii ho gmäänt
si sei alläa

verwirrt

jeden tag
komme die mutter
auf besuch

erzählte eine alte frau
voller freude

und ich
hatte jeden tag
mitleid gehabt
ich dachte
sie wäre einsam

kirchaglogga

a ma horzigtaag
sin min maa und ii
widr amool i dia kircha
wo mr vor viila joorzeent
ghüürotat hon

mit füüchta ooga
hommr a kärzle aazündat
und uf s neue jo gseet

bim ussigoo
hand i hand
hon zmool d glogga glütat

du hoscht würkli a gäär alls denkt
hon ii min schatz aaghimmlat
und bi an oogablick lang
uf wolke siiben durch s kirchaschiff gseglat

si glächtr hot mi widr ahagholat
es hot blooß elfe glütat

kirchenglocken

an einem unserer hochzeitstage
waren mein mann und ich
wieder einmal in jener kirche
in der wir vor vielen jahrzehnten
geheiratet haben

mit feuchten augen
entzündeten wir eine kerze
und sagten auf s neue ja

beim verlassen der kirche
hand in hand
plötzlich glockengeläute

du hast aber wirklich an alles gedacht
himmelte ich meinen schatz an
und segelte einen augenblick lang
auf wolke sieben durch das kirchenschiff

sein gelächter holte mich zurück auf die erde
es hat nur elf uhr geläutet

vrzell mr blooß kä märchen

us diar würd nia an prinz wära
seet a süaße krot zum aalta frosch
wonr mit da schenkile wacklat

und hauta iiskaalt i d pfanna

erzähle mir bloß keine märchen

aus dir wird nie ein prinz werden
sagt eine süße kröte zum alten frosch
als er mit den schenkelchen wackelt

und wirft ihn eiskalt in die pfanne

Erwin Messmer – Bern/CH

1950 in Staad SG am Bodensee geboren. Er besuchte das Gymnasium in Appenzell und studierte anschliessend Philosophie und Deutsche Literatur an der Universität Freiburg i.Ue. Gleichzeitig erwarb er sich Lehr- und Konzertdiplome für Klavier und Orgel
Lebt als Musiker, Schriftsteller und freier Publizist in Bern

Als Konzertorganist hat er in vielen Ländern Europas gespielt und Radio, Fernseh- und CD-Aufnahmen gemacht

Lehrer am Konservatorium Freiburg im Uechtland. Organist an der Reformierten Kirche Bümpliz. Künstlerischer Leiter der „Bümplizer Orgelserenaden." Gedichte von ihm erschienen in diversen Literaturzeitschriften, Zeitungen und Anthologien

Bisher erschienene Gedichtbände:

- Zartes Gespenst Utopie, Zeitzünder 6, orte-Verlag Zelg-Wolfhalden, 1992

- Das Gelächter der Fahrräder, orte-Verlag, 1998

- Anleitung zum Brettspiel, orte-Verlag, 2001

- Die besseren Karten, Rauhreif Verlag Zürich, 2005

- Im schwarzen Lack des Klaviers; Littera Autoren Verlag Zürich, 2008

- Die Kuh von Gampelen /Vaca din Gampelen (zweisprachig, Rumänisch / Deutsch), Biblioteca Revistei Familia, Oradea, Rumänien, 2008

- Gschlaik und Gschtelaasch; Alemannische Gedichte im St. Galler Dialekt, Drey-Verlag, Gutach, 2010

- Klartext zum Wasserglas; Gedichte Edition 8, Zürich 2012

Diverse Artikel, Kolumnen und Essays in „orte", Schweizer Literaturzeitschrift, Oberegg AI (Redaktionsmitglied) und in „du", die Zeitschrift der Kultur, Zürich

Lesungen in der Schweiz, in Österreich, Deutschland, Frankreich, Rumänien und in der Ukraine

2009 Buchpreis Internationales Literaturfestival Sighet (Rumänien) für „Die Kuh von Gampelen"

2011 Träger der Internationalen Trophäe Ars Maris am Internationalen Kulturfestival Reghin (Rumänien)

Mitglied des BOV (Berner Organistenvereins), des ISSV (Innerschweizer Schriftstellerinnen- und Schriftsteller Verein), des AdS (Autoren der Schweiz) und des BSV (Berner Schriftsteller/innen Verein)

Bern/Schweiz

Birkäpsalm ufem Ligischtuel

Mini Birkä
Under dirr bini pudelwohl
und fühl mi sicher
vor dä Höll vo dä Sonä
und vor dä Chälti vo dä Underwält

Du gischmer Schattä
aber dää Schattä wäär mer zchaalt
und i wöör früürä we ain
wo im Schattäland vom Tood
gfangä wäär
wenn dini Blätter nöd au
ganz fii gschprengglät
tuusigfach ächli
t'Liächthöll vo dä Sonä
duräläässtäd

Dini göttläch Birkämischig
isch för mii
s' vägängläch Paradiis
a demm Früesommernomittaag

Birkenpsalm auf dem Liegestuhl

Meine Birke
Unter dir fühl ich mich pudelwohl
und in Sicherheit
vor der Hölle der Sonne
und vor der Kälte der Unterwelt

Du gibst mir Schatten
aber dieser Schatten wäre mir zu kalt
und ich fröre wie einer
der im Schattenland des Todes
gefangen wäre
wenn deine Blätter nicht auch
ganz fein gesprenkelt
tausendfach ein wenig
die hitzige Hölle der Sonne
durchliessen

Deine göttliche Birkenmischung
ist für mich
das vergängliche Paradies
an diesem Frühsommernachmittag

Liächt und Schattä. Ä Szeenä idä Gaartäbaiz ufem Land

Au eentläch! I väturscht etzdenn. Wo wömmer anäsitzä?

A d'Sonä. Log dött weert gad än Tisch frai.

Au nai, adä Sonä ischmer z'haiss. Log dött underem Baum gääb's no än Tisch am Schattä.

Immer an Schattä. Wenn's *ämool* ächli schöö säär. Legg doch dä Sonähuet aa.

Dä bringpmer gäär nünt. I ha aifach z'haiss adä Sonä. Und t'Äärm väbrenntsmer au.

Müesam mitdeer. Log dött hätt's än Tisch mittämä Sonäschirm.

Guet, dää nememär. Duu a dä Sonä und ii am Schattä.

Aber hopp! Bevorer bsetzt isch.

Ä Wiili schpööter

Wa rutschisch aigentläch immer nööcher zu meer? I ha gmaint, du wölisch Schattä.

Da hadi gad au wölä fröögä. Wa rutschisch *duu* immer nööcher zu *meer*!? Häsch doch a d'Sonä wölä.

Jo schoo, aber langsam weertsmer äbä glich ä chli z'haiss.

Licht und Schatten. Eine Szene im einem Gastgarten auf dem Land

Oh, endlich! Ich verdurste schon bald. Wo setzen wir uns hin?

An die Sonne. Guck, dort wird eben ein Tisch frei.

Ach nein, an der Sonne ist es mir zu heiss. Schau, dort unter dem Baum gäb's noch einen Tisch am Schatten.

Immer an den Schatten. Wenn das Wetter *einmal* ein bisschen schön wäre. Setz dir doch den Sonnenhut auf.

Der bringt mir gar nichts. Es ist mir einfach zu heiss an der Sonne. Und die Arme verbrennt es mir auch.

Wie mühsam ist es mit Dir. Schau, dort gibt's einen Tisch mit Sonnenschirm.

Gut, den nehmen wir. Du an der Sonne und ich am Schatten.
Aber schnell! Solange er noch frei ist.

Etwas später

Was rückst Du eigentlich immer näher zu mir? Ich dachte, du wolltest Schatten.

Das wollte ich dich eben auch fragen. Was rückst *du* immer näher zu *mir!?* Du wolltest dich doch an die Sonne setzen.

Ja schon. Aber langsam wird es mir eben doch etwas zu heiss.

Gseehsch, has jo gsait.

Aber *duu* rutschisch doch au immer nööcher zu *meer*.

Jo klaar, ächli Sonä isch scho guet, nu nöd zvill.

Ä Wiili schpööter

Grüezi! Wa tööri bringä? Nunöd väschreggä. Sus chomi schpööter.

Nanai, isch scho guet. Zwai Süessmoscht gäärn.

Söli nöd aifach ai Glaas mit zwai Rööhrli bringä?

Waromm?

Wiler so nööch ufänand chlääbäd. Äs hett suss ggnueg Schtüel. Äs wöör för baidi langä.

Nanai isch pärfäkt. Bringätsi *ai Glaas* mit *aim* Röhrli. Da langät. Gälldu Schatz.

T'Wirtin gooht inä. Di baidä väsinkäd wider inänand, und dä lang Kuss vo vorhäär gooht witter. Di aint Hälfti vom Kuss isch adä Sonä, di ander am Schattä. Aber wenn's no lang so wittergooht, isch bald dä ganz Kuss am Schattä. Zum Glück chunnt etz t'Wirtin. Mit zwai Gläser Süessmoscht. Ohni Röhrli. Romantik isch zwoor Romantik, aber Gschäfft isch immer no Gschäfft. Und Liächt und Schattä isch und bliibt nööch binänand.

Siehst du, hab's ja gesagt.

Aber *du* rückst *mir* ja auch immer näher.

Ja klar, ein wenig Sonne ist schon okay, nur nicht zu viel.

Etwas später

Grüss Gott. Was darf ich bringen? Nur nicht erschrecken. Sonst komm ich später nochmal.

Nein nein, ist schon gut. Zweimal Apfelsaft bitte.

Soll ich nicht einfach ein Glas mit zwei Strohhalmen bringen?

Warum denn?

Weil ihr so nah aneinander klebt. Es hätte sonst genügend Stühle. Sie würden reichen für euch beide.

Nein nein, ist perfekt. Bringen Sie *ein Glas* mit *einem* Strohhalm.

Die Wirtin geht ab. Die beiden versinken wieder ineinander, und der lange Kuss von vorher findet seine Fortsetzung. Die eine Hälfte des Kusses ist an der Sonne, die andere im Schatten. Aber wenn es noch lange so weiter geht, ist bald der ganze Kuss im Schatten. Zum Glück kommt jetzt die Wirtin zurück. Mit zwei Gläsern Apfelsaft. Ohne Strohhalme. Romantik ist zwar Romantik, aber Geschäft ist immer noch Geschäft. Und Licht und Schatten sind und bleiben nah beisammen.

Jung und Aalt

Mä isch so jung wemmä säch fühlt
plagöörät ainä am Schtammtisch
Scho mögläch saitdä ander
Aber äär fühlsäch i Gottsnamä
ä längäri meeh so aalt wener seg
Und woo liit doo dä Underschiid
fröögt t'Severvirrtochter
schpitz vo obenabä
balangsirrt mit erem Tablett
munter über denä Grauschöpf
und Glatzchöpf und schtellt
Jedem ä neus Piärr vor dä Grind
Diä isch halt no ggnaau so jung
wessi isch Proscht mittänand

Jung und Alt

Man ist so jung wie man sich fühlt
prahlt einer am Stammtisch
Schon möglich sagt der andere
Aber er fühle sich in Gottesnamen
je länger je mehr so alt wie er sei
Und wo liegt da der Unterschied
fragt die Serviertochter
spitz von oben herab
balanciert ihr Tablett
munter über diesen Grauschöpfen
und Glatzköpfen und stellt
Jedem ein neues Bier vor den Kopf
Die ist eben noch genau so jung
wie sie ist Zum Wohl miteinander

Rääzel

Eigentläch chömmers
SääItä tömmers
Mengmool mömmers
Maischtens lömmers
SääItä wömmers
S'gääb zwoor Tömmers
(Aber lömmers)

Rätsel

Eigentlich können wir's
Selten tun wir's
Manchmal müssen wir's
Meistens lassen wir's
Selten wollen wir's
Es gäbe zwar Dümmeres
(Aber lassen wir das)

Zwai tunkli Gschtaaltä

Vädammt tunkel isch hütt

Tunkel? Tunktsdi?

We vorem Wältundergang
Äs gooht vilicht nümä lang

Jo chometz
Äs gitt tenngg ä Gwitter
Nochäär weerds schnäll
wider häll
und s'Läbä gooht witter

Jo väzell
Aber vilicht häsch jo rächt

Mainsch ächt?

Zwei dunkle Gestalten

Verdammt dunkel ist's heute

Dunkel? Dünkt es dich?

Wie vor dem Weltuntergang
Es dauert vielleicht nicht mehr lang

Ach hör doch auf
Es wird wohl ein Gewitter aufziehen
Nachher wird es schnell
wieder hell
und das Leben geht weiter

Ja was du nicht sagst
Aber vielleicht hast du ja recht

Meinst du?

Dä aalt Maa am Klavirr

Än Gomfifläck ufem Tschoopä
vordä Nasä 'Partituur
vonerä Haydn-Sonaatä
S'Muul halb offä
p'Frau vor zääh Joohr gschtorbä
Niämer luegetäm me
P' Finger schtolpäräd uffdä
Taschtä umänand und wammerem
idä Klaviirschtund sait isch för 'Katz

Im Ruum ä Haidäkonzentratioon
aber vom Haydn kumm än Toon
Und glich ä märkwürdegi
Sphääräsimphonii idä Lufft
aläs väschlirrggät
vom Schtainwey-Pedaal
halb Klassik halb Avangaardä
'Töör isch än Schpaalt offä
und i beobacht dä Klangväbrächer
mit ärän Aart vo Andaacht

Der alte Mann am Klavier

Ein Marmeladenfleck auf dem Jackett
vor der Nase die Partitur
einer Haydn-Sonate
Der Mund halb geöffnet
die Frau vor zehn Jahren gestorben
Niemand sorgt mehr für ihn
Die Finger stolpern auf den
Tasten herum und was man ihm
in der Klavierstunde sagt ist für die Katze

Im Raum eine unerhörte Konzentration
aber von Haydn kaum ein Ton
Und doch eine merkwürdige
Sphärensymphonie in der Luft
alles verwischt
vom Steinway-Pedal
halb Klassik halb Avantgarde
Die Tür steht einen Spalt breit offen
und ich beobachte diesen Klangverbrecher
mit einer Art von Andacht

Wunderbaar
sait dä Filantroop i meer
und dä Musiker konterät
Nümpme zmachä
Abär woni chlopf und inächomm
höörter uuf mit Klimpärä
und fangtaa lachä
dassäm dä Schtraiffä
vätröchnäts Aigääl am
Chifel gad ächli väzücht

Etz cha 'Klavirrschtund loosgooh

Wunderbar
sagt der Philantrop in mir
und der Musiker kontert
Nichts mehr zu machen
Aber als ich klopfe und eintrete
hört er mit Klimpern auf
und fängt an zu lachen
dass es ihm den Streifen
vertrocknetes Eigelb am
Kinn gleich ein wenig verzieht

Jetzt kann die Klavierstunde beginnen

Ä mittlers Kaader

Ööl äm Huet
und Drägg äm Schtäggä
schampaar guet
im Aarschabläggä
aber au
im Aarschväsolä
grüä und blau
schpillt gaarka Rolä
öber drischlooht
öber läggt
baides chaner
ganz väreggt

Mittleres Kader

Öl am Hut
und Dreck am Stecken
äusserst gut
im Arschablecken
aber auch
im Arschverklopfen
grün und blau
spielt keine Rolle
Ob er dreinschlägt
ob er leckt
beides kann er
ganz ausgezeichnet

Dur dä Schnee

Weni schtooh bliib
tanzt min Puls
um t'Wett mittä Zitt
Aber t'Schtilli
bliibt mipmer schtooh
Au sii moni ächli
väschnuufä loo
Weni wittergooh
fassäd Zitt und
dä Puls wider Tritt
und mit jedem Schritt
gooht au t'Schtilli witter
knirscht im Takt
vodä Zitt
zufridä mitt

Durch den Schnee

Wenn ich stehen bleibe
tanzt mein Puls
um die Wette mit der Zeit
Aber die Stille
bleibt mit mir stehen
Auch sie muss ich ein bisschen
verschnaufen lassen
Wenn ich weitergehe
fassen Zeit
und Puls wieder Tritt
und mit jedem Schritt
geht auch die Stille weiter
knirscht im Takt
der Zeit
zufrieden mit

Passwitt

S'isch schnäll passirrt
hätt dä Härdöpfel gad no chönä sägä
und scho hättsen nümä ggee

Jo nu
passirrt isch passirrt

Däföör gitts etz denn gad
Härdöpfelschtock

Mit Soosä
Mmmhh!

Passevite*

Es ist schnell passiert
konnte die Kartoffel gerade noch sagen
und schon hat es sie nicht mehr gegeben

Tja
passiert ist passiert

Dafür gibt es jetzt dann gleich
Kartoffelstock

Mit Sauce
Mmmhh!

* ausserhalb der Schweiz „Flotte Lotte“ oder „Passiermühle“ genannt, ein mechanisches Haushaltsgerät, mit dem man Gemüse und Früchte passieren kann.

Fascht pärfäkt

Soo und etz gitz noän
Epooass affineeomaardöburgoniä
saitdä Gaschtgeber
Do ghöört zwoor aigentläch
än guetä Burgunder is Glaas
dozirrter und schlüüsst mitdä Bemärkig
Aber es tottses au äsoo
S Piir isch scho laauwaarm
Dä Epoass vill zchaalt
dä Chüelschrank idä Chuchi
und dä Burgunder im Chäller
Aigentläch wäär maischtens
alls umä uff därä Wält
äs bringts nu niämert uf t'Raaijä
Und maischtens langt üüs daa voorig
Epoass isch Epoass und Pirr
isch Pirr und wa im Chäller isch
isch im Chäller unt'dä Oschschwitzer
isch än Oschtschwitzer und
än rächtä Oschschwitzer
sait fascht rund umt'Uhr
Äs isch alldaa

Fast perfekt

So und jetzt gibt es noch einen
Epoisse affiné au Marc de Bourgogne
sagt der Gastgeber
Da gehört eigentlich
ein guter Burgunder ins Glas
doziert er und schliesst mit der Bemerkung
Aber es geht auch so
Das Bier ist schon lauwarm
der Käse viel zu kalt
der Kühlschrank in der Küche
und der Burgunder im Keller
Eigentlich wäre meistens
alles vorhanden auf dieser Welt
Es ist nur niemand da der's auf die Reihe bringt
Und meistens genügt uns das vollauf
Epoisse ist Epoisse und Bier
ist Bier und was im Keller ist
ist im Keller und der Ostschweizer
ist ein Ostschweizer und
ein rechter Ostschweizer
sagt fast rund um die Uhr
Es ist immerhin das

Nochem Winterschloof

Läck häsch dä Noochpuur gseeh
Läck hätt dää aber ggaaltät
Läck häsch in Schpiägel gluegt
Läck dini Runzlä und Faaltä
Äs bliibt würkli nünt bim Aaltä
Läck häsch dä Früelig gseeh
Eentläch hätter gschaaltä
Er läckt no am letschtä Schnee
Sini Zungä isch nochli chaalt
Aber bald ischer wider
ganz dä Aalt

Nach dem Winterschlaf

Leck*, hast du den Nachbarn gesehn
Leck, ist der aber alt geworden
Leck, hast du in den Spiegel geschaut
Leck, deine Runzeln und Falten
Es bleibt wirklich nichts beim Alten
Leck, hast du den Frühling gesehn
Endlich hat er geschaltet**
Er leckt noch am letzten Schnee
Seine Zunge ist noch ein bisschen kalt
Aber bald wird er wieder
ganz der Alte sein

* Ein Dialektausruf, der Erstaunen oder Begeisterung ausdrückt. Leitet sich her von einem nicht sehr salonfähigen Ausdruck des Missfallens, der dann später abgeändert wurde in „Leck mi am Aarm“ (Leck mich am Arm).

** dialektales Wort für reagieren, etwas merken.

Margit Müller-Seeberger – Gurtis/A

1950 in Gurtis geboren. Seit 1968 Frau Seeberger
Mutter von vier Kindern, acht Enkelkindern, einem Urenkel

Mitglied:
Literatur Vorarlberg
IDI (Internationales Dialektinstitut)
Internationaler Bodenseeclub
Klopfzeichen

Margit Seeberger liebt die Literatur
(Poesie, Lyrik, den tiefen Sinn der Worte)
Die Darstellung von Menschen, Figuren, gelebten Gefühlen auf Bildern wie auch in Worten faszinieren sie
Schreibt seit vielen Jahren Gedichte, Prosa, Metaphern, in hochdeutscher Schriftsprache und in alemannischer Mundart
Lesungen im ORF, Kunsthaus Bregenz, Saumarkt Feldkirch, Villa Claudia, druck werk Museum Dornbirn, Zürich, Schopfheim und Müllheim/BRD, sowie bei zahlreichen kulturellen Veranstaltungen

Anthologien:
Bilder des Augenblicks von Dr. Wolfgang Hohenwallner
V#7; Alkohol & Co.; ALT.JUNG.SEIN; Rheticus Mundartreihe
D'Bibl redat dialekt auf CD
Bibliothek deuschsprachiger Gedichte – Ausgewählte Werke VIII
Präsentation eigener vertonter Gedichte (Muttertagslesung) im Wolfshaus Nenzing V#22/23

Buchpräsentation: *Ohne Titel im druck werk Verlag Dornbirn*
ISBN 3-902342-00-5

Schreibt und malt, lebt und träumt in Gurtis in Vorarlberg

Gurtis in Vorarlberg/A

Gschpenstisch

Gschpenstische Näbel
lullen farbigs
Lob i

dr Pföh singt pfüati

Usem usblühta Garta
flügen
Gedanka
is bald iskalt

Doch der vergärt
Öpfel
git
Troscht

Unterm Dach
zünglat d'Flamma
jagt d'Angscht durch's Kemmi
dass d'Seel a Dahäm findat

Gespenstisch

Gespenstische Nebel
umgarnen farbiges
Laub

der Föhn singt ade

Aus dem ausgeblühten Garten
fliegen
Gedanken
in das bald Eiskalte

Doch der vergärte
Apfel
gibt
Trost

Unter dem Dach
züngelt die Flamme
jagt die Angst durch den Kamin
dass die Seele ein Zuhause findet

Dr ufgwärmt Lieb
tromt Bruggana
i dia ewig Summer-Sunna
gschpenstisch

Dr Tanzberg

Unter bluger Hut
noch der Höllakuss
I da Schluchta
gschliffne Schwärter-Stern
im Takt vom häßa Herz
des Sterba
doch usam Tod
sofort all wieder
dia neua Mörga
gschliffa klar

Der aufgewärmte Leib
träumt Brücken
in die ewige Sommer-Sonne
gespenstisch

Der Tanzberg

Unter dünner Haut
noch der Höllenkuß
In den Schluchten
geschliffene Schwerter-Sterne
im Takt vom heißen Herzen
das Sterben
doch aus dem Tod
immer wieder
diese neuen Morgen
geschliffen klar

11. September

All bim äelfi lüta
Isaflügel Rabbaschwung
d'Luft ischt dick
rabbaschwarz

aweck aweck

Im nünta Monat
Flügeltrümmer Ischlofjodler
Schtob i dr Luft
Rabbatanz

aweck aweck

Am äelfta Tag
Rippaflügel Hutschala-Tanz
scho durch Luft
Rabbaschwanz

aweck aweck

11. September

Immer wenn es elf Uhr läutet
Eisenflügel Rabenschwung
die Luft ist dick
rabenschwarz

weck – weck

Im neunten Monat
Flügeltrümmer Einschlafjodler
Staub in der Luft
Rabentanz

weck – weck

Am elften Tag
Knochenflügel Hautschalen-Tanz
schon durch die Luft
Rabenschwanz

weck - weck

Schattamaa

Schattamaa usam Hag
loscht dr Roflbach
grunza jutza sprudla

Tätscht gern
Schattamaa usam
Holderhag
Beer vermuasa
mi ikocha

Schattamaa tuascht
zua da Pföhlieader
lieaber schwarz
d'Sichla wetza

Schattamaa
tanza i mim Zimmer
wetischt mit mir furt
Gottlob z'Sunna hät mi gweckt

Schattenmann

Schattenmann aus dem Gebüsch
lässt den Rofelbach
grunzen jauchzen sprudeln

Würdest gerne
Schattenmann aus dem
Holderbusch
Beeren zerstampfen
mich einkochen

Schattenmann
zu den Föhnliedern
lieber schwarz
die Sichel wetzen

Schattenmann
tanzen in meinem Zimmer
möchtest mit mir fort
Gottlob die Sonne hat mich geweckt

Schwarz oder wieß

Uf da Züh
laufa
du
häscht i mi
ichi
Flügel
baut

dr Luft
schpielt
gern
mit allem
oh ües
Himmel und
Höll

Schwarz oder weiß

Auf dem Zaun
laufen
Du
hast in mich
hinein
Flügel
gebaut

der Wind
spielt
gern
mit allem
auch uns
Himmel und
Hölle

Ute Zimmermann – Schifferstadt/D

Geboren 1962 in Ludwigshafen am Rhein
1981 Abitur in Speyer, Ausbildung zur Erzieherin
Arbeit im Kindergarten
1988 – 1991 Studium des Lehramts
an der Universität Landau

Vorleserin
Seit 1992 monatliche Vorlesestunde für Grundschulkinder in der Stadtbücherei Schifferstadt
Fachliterarische Veröffentlichungen und Leitung von Fortbildungen zur Gestaltung von Vorlesestunden, Kriterien zur Textauswahl, Lyrik in der Vorlesestunde

Autorin
Schreibt Gedichte, kurze Geschichten, Kurzgeschichten in vorderpfälzischer Mundart und Hochdeutsch. Ihre kurzen Texte voller Sprachwitz und Lautmalerei bringen einen liebevoll-kritischen Blick auf die Welt. Die Geschichten hinterlassen oft starke emotionale und nachhaltige Eindrücke bei den Zuhörenden

Veröffentlichungen in Anthologien, Zeitschriften und Zeitungen; Fernseh- und Radioauftritte; zahlreiche Lesungen; seit 2007 Mundart-Glosse Guck mol do in „Die Rheinpfalz"

Preise beim Bockenheimer Mundartwettbewerb,beim Mundartwettbewerb Dannstadter Höhe (beides Prosa) und beim Mannheimer Literatur-Wettbewerb/Lyrik (heute Heinrich-Vetter-Preis); Saarländischer Mundartpreis Kategorie Kurztext und Sonderpreis Lyrik; mehrmals „Mundarttext des Monats" der Bosener Gruppe

Gastautorin oder Werkstatttteilnehmerin u.a. beim Mundartsymposium Bosener Mühle 2004; Reutlinger Mundartwochen 2007; Schopfheimer Mund-Art-Literatur-Werkstatt 2006

Seit 1997 Jurymitglied in Bockenheim und seit Mai 2006 erneut im Vorstand des Förderkreises Mundarttage Bockenheim e.V.
Initiatorin (2010) und Leiterin der Bockenheimer Mundart-Werkstatt

Mitglied im IDI – Internationales Dialekt-Institut

Altes Rathaus in Schifferstadt – Pfalz/D

Rätikon-Spitzen

entstanden während der

4. Bludescher Mund Art Literatur Werkstatt

bei der Mundart-Autorin Anni Mathes

- im Wintergarten, während der Werkstattarbeit

- im Zimmer

- im Gasthof

- in den Zügen zwischen Schifferstadt, Bludenz und zurück

21. – 23. Oktober 2011

Die hochdeutschen Texte sind keine literarischen Übertragungen, sondern wörtliche Lesehilfen.

Der Rätikon - eine Gebirgsgruppe der Ostalpen

Anteil am Rätikon haben die Länder Österreich (Bundesland Vorarlberg), Liechtenstein und Schweiz (Kanton Graubünden)

Daschelamp

Du kannschd misch aschalde,
wie ä Daschelamp
mit emme Klick amache.
Ganz äfach:
Mit emme Lache, mit emme Blinzle.
Dann strahl isch un leischt –
awwer es koscht misch mehr Kraft,
wie wann isch nur still in de Eck sitz
un uff disch waat.

Solarzell

Isch schbeischer dei Worde am Daach
un schreib se uff in de Nacht.

Taschenlampe

Du kannst mich anschalten,
wie eine Taschenlampe
mit einem Klick anmachen.
Ganz einfach:
Mit einem Lachen, mit einem Blinzeln.
Dann strahle ich und leuchte –
aber es kostet mich mehr Kraft,
wie wann (als wenn) ich nur still in der Ecke sitze
und auf dich warte.

Solarzelle

Ich speichere deine Worte am Tag
und schreibe sie auf in der Nacht.

Haiku

Die Finger voll vun
Druckerschwärz aus de Zeidung.
Schleschde Noochrischde.

Die Wisseblume.
Im Scheiwerfer vun de Sunn
werrn Schadde faawisch.

Schereschnitt vun dir
im goldne Bilderrahme.
So laafscht mer net fort.

Middaachsruh bis drei.
Jetz is Zeit fer em selwerscht
guud zuzeheere.

Es Laab färbt sisch jetz.
Fallt als bundie Poesie
uffs Blatt Babier. Les!

Haiku

Die Finger voll von
Druckerschwärze aus der Zeitung.
Schlechte Nachrichten.

Die Wiesenblumen.
Im Scheinwerferlicht von der Sonne
werden Schatten farbig.

Scherenschnitt von dir
im goldenen Bilderrahmen.
So läufst du mir nicht fort.

Mittagsruhe bis drei.
Jetzt ist Zeit um sich selbst
gut zuzuhören.

Das Laub färbt sich jetzt.
Fällt als bunte Poesie
auf´s Blatt Papier. Lies!

Danke an Gerlinde, die mich mit ihrem Gedicht sehr beschäftigt hat.

In de Werkstatt vun de Anni

Im Scheiwerferlischt vun de Sunn
schbielen Bersche un´s Rotkehlsche
die Haubtroll.
Es deet misch net wunnere,
wann jetz noch än Adler
am Windergaade vebeifliesche
deet.

Die Dischder frääts,
staunen un schreiwen alles uff.
Awwer zefriede sin se erscht,
wann die Aussischt fer ihr Mundart
grad so rosisch is.

O Ob es
R den Rätikon
F freut?

In der Werkstatt von der Anni

Im Scheinwerferlicht von der Sonne
spielen Berge und das Rotkehlchen
die Hauptrolle.
Es würde mich nicht wundern,
wenn jetzt noch ein Adler
am Wintergarten vorbeifliegen
würde.

Die Dichter freut´s,
(sie) staunen und schreiben alles auf.
Aber zufrieden sind sie erst,
wenn die Aussicht für ihre Mundart
grade so rosig ist.

Überlegung einer Pfälzerin
zur Lesung der Mundart-Werkstatt

O Ob´s
R den Rätikon
F freut?

Neidisch

Hunnertneuneseschzisch Schmedderlingsarde
uff de Magerwiesehäng.
Un mir fallt fer mein Text
gradselääd
net dess äände bassende Wort ei.

Henkersmahlzeit

Wahrscheins sin die Weschbe
uff Quetschekuche deshalb so scharf,
weil se wissen,
dass´se ball sterwe missen.

Guudes Esse

All wollden´ses Rezept vun de Lauch-Lachs-Quiche.
Isch deet se liewer noch ämol esse.

Neidisch

Einhundertneunundsechzig Schmetterlingsarten
auf den Magerwiesenhängen.
Und mir fällt für meinen Text
natürlich / ausgerechnet / mal wieder (stark kontextabhängige
Bedeutung) nicht das eine passende Wort ein.

Henkersmahlzeit

Wahrscheinlich sind die Wespen
auf Zwetschgenkuchen deshalb so scharf,
weil sie wissen,
dass sie bald sterben müssen.

Gutes Essen

Alle wollten sie das Rezept von der Lauch-Lachs-Quiche.
Ich würde sie lieber noch einmal essen.

Luxus

Guud esse,
warm hawwe,
vesorscht sei
un sisch um nix –
awwer ach grad um gar nix –
kimmere misse,
außer zamme
un mit allem, was mer hänn,
um unser Schbrooch.

Rickfahrt

De Zuuch halt in Lauterach (A).
Do steckt ä klänie „ute“ drin.
Awwer ach
ä ach!

Luxus

Gut essen,
warm haben,
versorgt sein
und sich um nichts –
aber auch gerade um gar nichts –
kümmern müssen,
außer zusammen
und mit allem, was wir haben,
um unsere Sprache.

Rückfahrt

Der Zug hält in Lauterach (A).
Da steckt eine kleine „ute“ drin.
Aber auch
ein ach!

Middaachesse im Rössl – än Gedanke zum Ardeschutz

Uff de Orgeltaschde in Bludesch Elfebää
un im Rössel in Thüringe panierde Elefandeohre.
Kä Wunner, dass es in Östreisch
kä Elefande mehr gewwe duut.

Flieschende Fisch

Krähefeddre
glänzen im Sunnelischt
wie silwrische Schubbe
vun emme Karpfe.

Mittagessen im Rössle – ein Gedanke zum Artenschutz

Auf den Orgeltasten in Bludesch Elfenbein
und im Rössle in Thüringen panierte Elefantenohren.
Kein Wunder, dass es in Österreich
keine Elefanten mehr gibt.

Fliegende Fische

Krähenfedern
glänzen im Sonnenlicht
wie silbrige Schuppen
von einem Karpfen.

Kläner Dialooch

Person 1: Isch deet emol gern im Walserdaal Walzer danze.

Person 2: Ach Gott, bisch du doof!
Walserdaal schreibt mer doch mit „s“!

Person 1: Isch wääß!
Awwer des is halt de Vordääl, wammer ä bissssl lisblt.

Kleiner Dialog

Person 1: Ich würde gerne einmal im Walsertal Walzer
tanzen.

Person 2: Ach Gott, bist du doof!
Walsertal schreibt man doch mit „s“!

Person 1: Ich weiß!
Aber das ist eben der Vorteil, wenn man ein
bisssschen lispelt.

Häufiges Schild auf den Bahnhöfen:

„Überschreiten der Gleise verboten"

Do guck – die Östreischer!
Selbsch unner Lewensgfahr
behalten se die Contenance.

Lesung

Es Publikum hott net alles vun mir vestanne.
Awwer misch.

Fascht wie in Norddeitschland

Ok – die Kieh sehn annerscht aus.
Dodefor sinn awwer ganz viel Katze
schwarz-bunt.

Häufiges Schild auf den Bahnhöfen:

„Überschreiten der Gleise verboten“

Sieh an - die Österreicher!
Selbst unter Lebensgefahr
behalten sie die Contenance.

(In Deutschland steht geschrieben „Überqueren der Gleise“)

Lesung

Das Publikum hat nicht alles von mir verstanden.
Aber mich.

Fast wie in Norddeutschland

Ok – die Kühe sehen anders aus.
Dafür sind aber ganz viele Katzen
schwarz-bunt.

Bildernachweis:

Titelbild:	*Carola Eugster Photography – Bludesch/A*
Seite 13:	*Tinkhauser Michael – Bludesch/A*
Seite 53:	*Dietmar Mathis – Rankweil/A*
Seite 55:	*Gerd Allmayer – Niedernsill/A*
Seite 57:	*Gerd Allmayer – Niedernsill/A*
Seite 69:	*Reini Winkler – Linz/A*
Seite 71:	*Joschi Anzinger – Linz/A*
Seite 85:	*Marián Hatala – Bratislava/SK*
Seite 87:	*Inge Tagscherer – Fieberbrunn/A*
Seite 93:	*Carola Eugster Photography – Bludesch/A*
Seite 95:	*Hans Fleisch – Nüziders/A*
Seite 119:	*Andrea Keller – Bern/CH*
Seite 121:	*Andrea Keller – Bern/CH*
Seite 149:	*Margit Seeberger – Gurtis/A*
Seite 151:	*Margit Seeberger – Gurtis/A*
Seite 163:	*Ute Zimmermann – Schifferstadt /D*
Seite 165:	*Klaus Mathes – Bludesch/A*
Seite 167:	*Carola Eugster Photography – Bludesch/A*

Finanzielle Unterstützung des Projektes:

Gemeinde Bludesch/A
Land Vorarlberg – Kulturabteilung, Bregenz/A
Bundesministerium für Unterricht, Kunst u. Kultur, Wien/A
Elementa Walgau – Nenzing/A
Rheticus-Gesellschaft – Feldkirch/A
Raiba Walgau-Großwalsertal, Thüringen/A
Internationales Dialekt-Institut, Salzburg/A
RFI (Regionale Freizeit und Infrastruktur GmbH), Bludesch/A
Druckerei Wenin GmbH, Dornbirn/A
Klaus Mathes, Bludesch/A

Ideelle Unterstützung des Projektes:

Österreichische DialektautorInnen, Wien/A
Obst- u. Gartenbauverein, Bludesch/A
Volksschule Bludesch/A
Schnäggabühne/Bludesch
Feuerwehr Bludesch/A
Blumen Akzente, Bludesch/A
Harald Hronek (VN), Thüringen/A
Klaus Mathes, Bludesch/A
ORF, Dornbirn/A

Hiermit danke ich allen aufs Herzlichste, die unser Projekt so hilfreich unterstützt haben, ganz besonders meinem Mann Klaus, dem Geschäftsführer der Rheticus-Gesellschaft, Univ.-Prof. Mag. Dr. Gerhard Wanner, der mit großem Engagement eine zusätzliche Förderung durch das Land Vorarlberg erreichte, ohne die eine Realisierung dieser Dokumentation nicht möglich gewesen wäre. Auch das Internationale Dialekt-Institut unter dem Präsidenten Markus Manfred Jung hat für 2013 eine großzügige Unterstützung zugesagt, von dem ein Teil ebenfalls für diese Anthologie verwendet wird. Mein Dank gilt auch Mark Lins, dem Mitarbeiter der Druckerei Wenin für die gute Zusammenarbeit in der Druckvorstufe.

Anni Mathes

DRUCKEREI wenin

WIEDER DRUCK

Eine Marke der Ratt Pack Gruppe

staubgrau

drucken prägen stanzen digital arbeiten konfektionieren direct mails

Druckerei Wenin GmbH & Co KG
Wallenmahd 29c
A-6850 Dornbirn
T +43 (0)5572/22888
F +43 (0)5572/22888-14
druckerei@wenin.at
www.wenin.at

www.sparkasse-feldkirch.at
SPARKASSE
Feldkirch
In jeder Beziehung zählen die Menschen.
Nah in der Region.
Noch näher bei den Menschen.

buch
handlung
brunner